高等职业教育土建施工类专业系列教材

工程项目管理沙盘实训

主编 张贵国

西安交通大学出版社

图书在版编目(CIP)数据

工程项目管理沙盘实训 / 张贵国主编. —西安：西安交通大学出版社,2023.12
高等职业教育土建施工类专业系列教材
ISBN 978-7-5693-3592-7

Ⅰ.①工… Ⅱ.①张… Ⅲ.①工程项目管理—高等职业教育—教材 Ⅳ.①F284

中国国家版本馆 CIP 数据核字(2024)第 016576 号

GONGCHENG XIANGMUGUANLI SHAPAN SHIXUN

书　　名	工程项目管理沙盘实训
主　　编	张贵国
策划编辑	杨　璠
责任编辑	杨　璠　张明玥
责任校对	张　欣

出版发行	西安交通大学出版社
	(西安市兴庆南路1号　邮政编码 710048)
网　　址	http://www.xjtupress.com
电　　话	(029)82668357　82667874(市场营销中心)
	(029)82668315(总编办)
传　　真	(029)82668280
印　　刷	西安五星印刷有限公司
开　　本	787 mm×1092 mm　1/16　印张 8　字数 16.6千字
版次印次	2023年12月第1版　2023年12月第1次印刷
书　　号	ISBN 978-7-5693-3592-7
定　　价	45.80元

如发现印装质量问题,请与本社市场营销中心联系。
订购热线：(029)82665248　(029)82667874
投稿热线：(029)82668804
读者信箱：phoe@qq.com

版权所有　侵权必究

前言

关于建筑施工管理的模拟仿真实训,许多高校和企业开发了一大批实训平台和实训软件。广联达软件股份有限公司开发了工程项目管理沙盘实训项目,此实训项目模拟施工现场施工和管理的全过程,对于职业院校学生实训和工程管理人员培训具有很强的现实意义。作者编写这本书是为了便于工程项目管理沙盘实训项目教学工作的展开,提高教学质量。

工程项目管理沙盘实训项目包括实训项目策划和实训项目执行两部分,其中实训项目的策划均使用实训软件,具有高度的可操作性和实用性,利于培养学生的工程管理理念和优化学生的思想。

本书由北京工业职业技术学院张贵国主编。书中选取了凯旋门和长安剧院两个典型的实训项目,并对两个实训项目的策划操作进行了详细的讲述,包括项目经理策划、生产经理策划、采购经理策划和财务经理策划等。

本书采用活页式教材编写模式,由于编者的水平和编写时间有限,书中难免存在疏漏之处,恳请广大读者批评指正,也对给予支持和关心的领导和同事们表示诚挚的感谢。

编 者

2023 年 10 月

目录

项目一　工程项目管理沙盘实训分析工具软件安装与操作 …………………… 1

项目二　凯旋门项目策划 …………………………………………………………… 12

　　典型工作环节一　凯旋门项目建筑模型分析 ……………………………… 15
　　典型工作环节二　凯旋门项目施工进度计划编制 ………………………… 28
　　典型工作环节三　凯旋门项目生产子项目策划 …………………………… 35
　　典型工作环节四　凯旋门项目采购子项目策划 …………………………… 44
　　典型工作环节五　凯旋门项目财务子项目策划 …………………………… 54

项目三　长安剧院项目策划 ………………………………………………………… 64

　　典型工作环节一　长安剧院项目建筑模型分析 …………………………… 69
　　典型工作环节二　长安剧院项目施工进度计划编制 ……………………… 83
　　典型工作环节三　长安剧院项目生产子项目策划 ………………………… 93
　　典型工作环节四　长安剧院项目采购子项目策划 ………………………… 102
　　典型工作环节五　长安剧院项目财务子项目策划 ………………………… 112

项目一　工程项目管理沙盘实训分析工具软件安装与操作

项目目标

1. 技能目标

(1)学会安装工程项目管理沙盘实训分析工具软件。

(2)掌握工程项目管理沙盘实训分析工具软件的基本操作。

(3)掌握工程项目管理沙盘实训的规则。

2. 思政目标

(1)树立精益求精的职业精神。

(2)加强社会主义核心价值观。

项目描述

安装工程项目管理沙盘实训分析工具软件,熟悉软件的基本操作,为后续工程项目管理沙盘实训做好准备。学习内容主要有分析工具软件安装文件;按照安装说明在计算机上安装软件;观察操作界面;练习软件操作;熟悉工程项目管理沙盘实训规则。

学习任务

了解工程项目管理沙盘实训分析工具软件安装顺序;了解工程项目管理分析工具软件操作表;了解工程项目管理沙盘实训。

一、任务分组

班级		组号		指导教师	
组长		姓名		学号	
组员		姓名		学号	

任务分工：

二、工作实施

引导问题 1：工程项目管理沙盘实训分析工具软件安装程序是什么，有哪些安装内容，安装顺序和操作要点是什么，请填写在下表中。

序号	安装内容	操作要点

引导问题 2：工程项目管理沙盘实训分析工具软件各界面所展示的内容是什么，对软件操作有什么作用，请填写在下表中。

界面名称	界面展示内容	对软件操作的作用

引导问题3：工程项目管理沙盘实训规则的内容是什么，对项目策划的应用有哪些，请填写在下表中。

规则名称	规则内容	对项目策划的应用
基本假定		
融资规则		
临时设施搭建规则		
劳务组供应规则		
原材料供应规则		
周转材料租赁规则		
机械租赁规则		
费用支出规则		

三、评价反馈

1. 学生自评

班级：　　　　　　　　姓名：　　　　　　　　学号：

评价项目	评价标准	分值	得分
软件安装	顺利安装软件	20	
软件基本操作	清楚软件各界面内容	30	
	熟练操作软件		
沙盘实训规则	能记住各项实训规则	50	
	能说清各规则的应用场景		

2. 小组互评

评价项目	分值	评价小组						
		1	2	3	4	5	6	平均
精神面貌	10							
组织分工	10							
团结协作	20							
工作效率	10							
工作质量	30							
成果展示	20							
合计	100							

3．教师评价

班级：　　　　　　　　姓名：　　　　　　　　学号：

评价项目		评价标准	分值	得分
工作过程	软件安装	顺利安装软件	10	
	软件基本操作	清楚软件各界面内容	20	
		熟练操作软件		
	沙盘实训规则	能记住各项实训规则	30	
		能说清各规则的应用场景		
工作结果		按时完成任务	20	
		完整且正确填写表格	20	
合计			100	

综合评价

学生自评（20%）	小组互评（30%）	教师评价（50%）	综合得分

四、相关知识点

知识点 1：实训建筑模型

根据建筑物的结构形式，组建一个建筑模型，此建筑模型由钢筋混凝土构件组成，这些构件分别是基础、柱或墩、梁或板。如图 1-1 所示，对建筑模型中的各个构件分别进行编号。编号规则：基础为 JC，如 1 号基础编号为 JC-1；柱或墩为 Z 或 D，如 2 号柱或墩编号为 D-2 或 Z-2；梁为 L，板为 B，梁或板以其所支撑的柱或墩的编号来进行编号，如世纪大桥工程中，D-1 和 D-2 所支撑的板编号为 B-12；如果梁或板是由其他的梁或板所支撑的，则以其所支撑的梁或板来编号，如长安剧院工程中，由柱 D-5 和梁 L-24 所支撑的梁编号为 L-24-5。

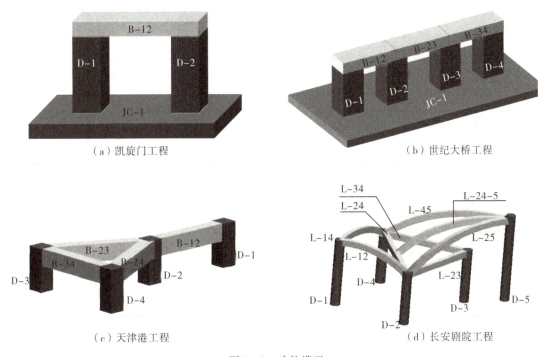

（a）凯旋门工程　　　　　　　　　（b）世纪大桥工程

（c）天津港工程　　　　　　　　　（d）长安剧院工程

图 1-1　建筑模型

建筑模型中各构件的施工工序包括钢筋、支模板和浇筑混凝土。其中基础、柱或墩的施工顺序为绑钢筋、支模板、浇筑混凝土，而梁或板的施工顺序为支模板、绑钢筋、浇筑混凝土。

知识点 2：沙盘实训规则

1. 基本假定

（1）假设工程项目所有构件只有绑钢筋、支模板、浇筑混凝土三个施工工序，并且需要钢筋劳务班组、模板劳务班组和混凝土劳务班组分别操作。

（2）假设钢筋加工机械和混凝土加工机械不需要配备人工便可以进行。

(3)假设混凝土浇筑完成后便可以拆除模板(拆除的模板必须存放在库房或出场),模板不需要养护时间,也不需要配备人员拆除。

(4)假设所有预定、加工、施工都是以周为最小单位,若不满一周,按一周计算。

2. 模拟市场资源信息规则

1)融资渠道

假定工程项目刚刚开始,项目部没有资金,为了工程项目的前期准备和顺利实施,需要通过不同的融资渠道给项目部提供资金(表1-1)。

表1-1 融资渠道

融资方式	月利率/%	还款要求
公司借款	5	工程初期申请,每月末支付利息,竣工后偿还本金,申请借款数目必须是20万元的整数倍
银行贷款	10	每月初申请,每月末支付利息,并决定是否偿还本金,申请贷款数目必须是20万元的整数倍
民间借贷款	20	可以随时申请,每月末支付利息,月末还款,申请借款数目必须是20万元的整数倍

规则利用说明:公司借款与银行贷款之间的约束关系取决于月利率的大小和资金周转期的长短。比如,按照工程项目管理沙盘设定的市场资源信息,资金周转期大于总工期的1/2时,这部分资金使用公司借款比较划算,反之则使用银行贷款比较划算。

2)临时设施搭建规则

项目初期需要搭建临时设施,有以下临时设施种类可供选择(表1-2)。

表1-2 临时设施

临时设施名称	基准容量	基准建造单价/万元	工作用电/(kW·h)	工作用水/m³
钢筋原材料库房	10 t	1	1	—
钢筋成品库房	10 t	1	1	—
水泥库房	10 t	1	1	—
砂石库房	10 t	1	1	—
模板库房	10 m²	1	1	—
劳务宿舍	2个班组	2	2	2

临时设施结算支付要求：

①库房容量每增加 10 t，建造费用增加 1 万元，工作用电增加 1 kW·h。

②劳务宿舍每增加 1 个班组，建造费用增加 1 万元，工作用电增加 1 kW·h，工作用水增加 1 m³。

③临时设施建造费用必须全部用现金一次性支付，竣工后可以按照 50% 折旧，统一变卖，变卖收入按照四舍五入整数计算。

3）劳务班组供应规则

工程项目各施工工序需要三种劳务班组协同作业，其信息如表 1-3 所示。

表 1-3 劳务班组供应规则

班组名称	单班产量	劳务报酬	工作用电/(kW·h)	工作用水/m³
钢筋班组	5 t/周	1 万元/t	1	—
模板班组	5 m²/周	1 万元/m²	1	—
混凝土班组	10 m³/周	1 万元/m³	1	1

劳务报酬结算支付要求：

①每个劳务班组进出场均需要 2 万元的运输费，用现金支付，施工过程中如果出场，此劳务班组将不再进场。

②如果当周劳务班组闲置待工，则当周用现金支付待工费，每周 3 万元。

③每月末按照所完成工程量进行结算，可以选择现金支付，也可以选择全部或部分欠付，若选择欠付，则按照月利率 15% 收取滞纳金，于下个月月末支付，四舍五入按照整数计算，且欠付利息最少为 1 万元。

④劳务班组在宿舍期间不需要用水电，派工配置劳务班组时才需要配置水电。

规则利用说明：劳务班组进出场取决于劳务班组的进出场费用单价与待工费单价两个因素之间的约束关系。比如，按照工程项目管理沙盘设定的市场资源信息，如果劳务班组待工两周及两周以上，不如让劳务班组出场再进场，但前提是市场上要有可以提供的资源。

4）原材料供应规则

工程项目施工中，需要使用三种原材料，但这些原材料不能直接用于工程项目，需要经过机械加工处理之后才能使用，其信息见表 1-4。

表 1-4 施工用原材料

材料名称	市场单价	使用说明
钢筋	1万元/t	1 t 钢筋经机械加工后,能产出 1 t 钢筋成品
水泥	1万元/t	水泥和砂石经过混凝土搅拌机械加工后,能产出成品混凝土,其配比为 1 t 水泥原材和 1 t 砂石原材配 2 m^3 的混凝土成品
砂石	1万元/t	

结算支付要求:原材料只能月初采购;采购时,必须全部用现金支付,不允许存在欠付。

5)成品供应规则

在工程项目实施中,可以不购买原材料,不租用机械加工钢筋或者搅拌混凝土,这时需要选择直接订购成品钢筋或者成品混凝土(表 1-5)。

表 1-5 施工用成品材料

成品材料名称	市场单价	订购说明
成品混凝土	1.4万元/m^3	必须第一周预定,第二周到场,且数量必须是 5 的倍数
成品钢筋	1.4万元/t	必须第一周预定,第二周到场,且数量必须是 5 的倍数

结算支付要求:材料采购均全部用现金支付,不允许欠付。

6)周转材料租赁规则

周转材料是指施工企业在施工过程中能够多次使用,并可基本保持原来的形态而逐渐转移其价值的材料。在沙盘模拟实训中,模板是唯一的周转材料(表 1-6)。在构件混凝土浇筑完成后可拆除模板,并重复使用。

表 1-6 模板租赁规则

材料名称	基准租赁价	运输要求	拆除条件
模板	0.2万元/(m^2·周)	进出场均需要运输,且必须是 5 的整数倍,每车次最多 10 m^2,价格 2 万元/车次	构件在浇筑混凝土工序完成后,即可拆除模板,不考虑混凝土的凝固时间。若不选择模板出场,必须将模板存入模板库房

结算支付要求:

①模板的运输费在申请租赁时应立即支付。

②计算租赁费时,出场的当周不计租赁费。

项目一 工程项目管理沙盘实训分析工具软件安装与操作

③模板的租赁费每月末结算一次,可以选择现金支付,也可以选择全部或部分欠付,若选择欠付,则按照月利率10%支付欠付款的利息,且欠付利息最少1万元。

规则利用说明:模板进出场取决于模板的进出场费用单价与闲置费用单价两个因素之间的约束关系。比如,按照工程项目管理沙盘设定的市场资源信息,如果模板闲置两周以内(包括两周)则不用出场,如果模板需要闲置2周以上,则不如让其先出场,再进场。

7) 机械租赁规则

工程项目管理沙盘实训共设置六种不同型号的机械,供学生在实训中选择(表1-7)。

表1-7 施工机械

机械名称	机械产量	进出场费/万元	基准租赁价/(万元/周)	工作用电/(kW·h)	工作用水/m³
钢筋加工机	5 t/周	2	1	1	—
混凝土搅拌机	10 m³/周	2	1	1	1
发电机组(小)	20 kW	2	1	—	—
发电机组(大)	40 kW	2	1	—	—
供水泵机组(小)	10 m³	2	1	2	—
供水泵机组(大)	20 m³	2	1	4	—

结算支付要求:①进出场费在进出场时用现金支付,租赁费每月末用现金结算一次。②计算租赁费时,出场的当周无租赁费。

3. 工程费用的支出规则

(1)安全施工和雨季施工费用投入:

①学生根据不同工程项目资料中所描述风险分析情况来判断是否投入。

②安全施工和雨季施工费用投入每周分别最多投入1万元。

③若安全施工或者雨季施工费用投入累计值没有大于或等于相应的危险等级系数,就有可能发生风险。

(2)支出税金:在项目部甲方报量而收入工程进度款后,需要按规定向政府缴纳税金,缴纳金额为当月工程进度款金额的3%,四舍五入,每月6万元封顶。

(3)现场管理费:项目每月固定要支出现场管理费用于日常管理,每月支出现场管理费金额为劳务宿舍费用的2倍。

项目二　凯旋门项目策划

项目目标

1. 技能目标

(1) 学会凯旋门项目的项目经理策划。

(2) 学会凯旋门项目的生产经理策划。

(3) 学会凯旋门项目的采购经理策划。

(4) 学会凯旋门项目的财务经理策划。

(5) 熟悉工程项目管理理念。

2. 思政目标

(1) 具有热爱祖国、热爱新时代中国特色社会主义的品质。

(2) 树立正确的世界观、人生观、价值观。

项目描述

1. 工程概况

凯旋门工程项目是较为简单的沙盘项目,其建筑模型如图 2-1 所示。建筑模型由一个基础、两个墩和一个板共四个构件组成,其构件均为钢筋混凝土构件。

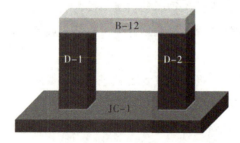

图 2-1　凯旋门工程建筑模型

2. 工期要求

合同工期为12周,最初半周为临时设施建造,接着一周为钢筋准备。工期每提前一周奖励5万元,每延误一周罚款10万元。

3. 工程量

表 2-1 凯旋门工程量

编号	构件名称		工序	工程量
1号基础	JC-1	JC-1-1	绑钢筋	5 t
		JC-1-2	支模板	5 m²
		JC-1-3	浇筑混凝土	10 m³
1号墩	D-1	D-1-1	绑钢筋	5 t
		D-1-2	支模板	5 m²
		D-1-3	浇筑混凝土	10 m³
2号墩	D-2	D-2-1	绑钢筋	5 t
		D-2-2	支模板	5 m²
		D-2-3	浇筑混凝土	10 m³
12号板	B-12	B-12-1	支模板	5 m²
		B-12-2	绑钢筋	5 t
		B-12-3	浇筑混凝土	10 m³

4. 合同预算

合同预算是建设单位和施工单位签署的合同文件的组成部分,也就是双方达成协议的投标报价,是支付工程款的依据(表2-2)。

表 2-2 凯旋门工程合同预算

工序	报量单价	总工程量	报量价格
绑钢筋	4万元/t	20 t	80万元
支模版	4万元/m²	20 m²	80万元
浇筑混凝土	4万元/m³	40 m³	160万元
合计	—	—	320万元

5. 安全施工费用投入

在建筑施工现场,随着施工的进行,需要不断地增加施工安全方面的投入,工程项目管理沙盘模拟实训根据施工过程中建筑模型的某个部位或构件会使施工现场达到某个危险系数等级,来相应增加安全投入费用。若安全施工累计投入的费用没有大于或等于相应危险系数就有可能发生安全生产事故。凯旋门工程施工危险系数与费用投入如表2-3所示。

表2-3 凯旋门工程施工危险系数与安全投入

构件	工序编号	工序名称	危险系数	累计安全施工费用投入/万元
墩	D-X-1	绑钢筋	1	1
板	B-X-1	支模板	2	2
	B-X-3	浇筑混凝土	3	3

6. 天气分析

通过气象部门的统计和预测,施工工期内所需费用如图2-2所示。

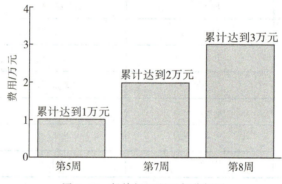

图2-2 凯旋门工程天气分析图

7. 市场资源情况

凯旋门市场资源情况如表2-4所示。

表2-4 凯旋门市场资源情况

劳务班组工种	每周的生产能力	市场最多可供应数量
钢筋劳务班组	5 t/班组	3个班组
模板劳务班组	5 m²/班组	3个班组
混凝土劳务班组	10 m³/班组	3个班组

注:每个劳务班组在施工过程中如果出场将不再进场,在市场可供应数量足够的情况下,可以选择其他劳务班组进场。

典型工作环节一　凯旋门项目建筑模型分析

工作描述

在策划凯旋门工程项目之前,需要全面了解凯旋门项目各建筑构件的组成及它们之间的逻辑关系,了解凯旋门项目施工的工程条件和限制因素。

学习目标

(1)学会分析简单的建筑模型及它们之间的逻辑关系。
(2)学会分析建筑施工的施工条件和限制条件,并运用于工程组织中。

学习任务

根据凯旋门项目描述,结合工程项目管理分析工具软件,分析凯旋门项目的建筑模型构成和逻辑关系,了解凯旋门项目施工信息与限制条件。

一、任务分组

班组		组号		指导教师	
组长	姓名		学号		
组员	姓名			学号	

任务分工:

二、工作准备

(1)打开工程项目管理分析工具软件,熟悉软件界面和操作。

(2)了解凯旋门项目。

三、工作实施

引导问题1:凯旋门建筑模型有哪些建筑构件,请填写在下表中。

构件编号	构件名称	构件种类
JC-1		
D-1		
D-2		
B-12		

注:柱类构件和梁类构件的钢筋绑扎和支模板顺序不同。

引导问题2:这些建筑构件的施工顺序如何,请填写在下表中。

构件编号	施工顺序
JC-1	
D-1	
D-2	
B-12	

引导问题3:凯旋门项目工期要求及奖罚是怎样的,请填写在下表中。

工期要求及奖罚	
工期	
提前一周奖励	
延误一周罚款	

引导问题 4：凯旋门项目各构件工程量如何，请填写在下表中。

构件名称	编号		工序	工程量
1号基础	JC-1	JC-1-1	绑钢筋	
		JC-1-2	支模板	
		JC-1-3	浇筑混凝土	
1号墩	D-1	D-1-1	绑钢筋	
		D-1-2	支模板	
		D-1-3	浇筑混凝土	
2号墩	D-2	D-2-1	绑钢筋	
		D-2-2	支模板	
		D-2-3	浇筑混凝土	
12号板	B-12	B-12-1	支模板	
		B-12-2	绑钢筋	
		B-12-3	浇筑混凝土	

引导问题 5：凯旋门项目的总工程量、报价等是多少，请填写在下表中。

工序	总工程量	单位报价	总报价
绑钢筋			
支模板			
浇筑混凝土			

引导问题 6：凯旋门项目施工需要必要的安全施工费用投入，安全施工费用投入的时间和数量如何，请填写在下表中。

编号	JC-1-1	JC-1-2	JC-1-3
投入累计值			
编号	D-X-1	D-X-2	D-X-3
投入累计值			
编号	B-1-1	B-1-2	B-1-3
投入累计值			

引导问题 7：工程项目在雨季施工时，需要一定的雨季施工费用投入。凯旋门项目在雨季施工时，费用投入为多少，请填写在下表中。

时间	雨季施工累计费用投入
第 5 周	
第 7 周	
第 8 周	

引导问题 8：工程项目施工时，其劳动力资源要受到一定限制，凯旋门项目的劳动力资源限制情况如何，请填写在下表中。

班组名称	项目策划最多可供应数量
钢筋班组	
模板班组	
混凝土班组	

引导问题 9：工程项目开始施工时，项目部需筹措资金，凯旋门项目筹措资金的月利率如何，请填写在下表中。

融资方式	月利率
公司借款	
银行贷款	
民间借贷款	

引导问题 10：工程项目施工前，需建造临时设施。针对凯旋门项目，若建造临时设施，资金投入和运行要求如何，请填写在下表中。

临时设施名称	单位	基准容量	工作用电	工作用水	建造单价	递增基数	工作用电递增	工作用水递增	建造单价递增
钢筋原材库房	吨	10							
钢筋成品库房	吨	10							
水泥库房	吨	10							
砂石库房	吨	10							
模板库房	平方米	10							
劳务宿舍	班组	2							

引导问题 11：凯旋门项目所用劳务班组信息如何，请填写在下表中。

班组名称	系数	单位	产量	工作用电	工作用水	单价	进场费	出场费	待工费	欠付率
钢筋班组	5	t/周								
模板班组	5	m²/周								
混凝土班组	10	m³/周								

引导问题 12： 凯旋门项目原材信息如何,请填写在下表中。

原材名称	市场价/(万元·t^{-1})
钢筋原材	
水泥原材	
砂石原材	

引导问题 13： 凯旋门项目成品材料信息如何,请填写在下表中。

成品材料名称	基准单价	基数
钢筋成品		
混凝土成品		

引导问题 14： 凯旋门项目周转材料信息如何,请填写在下表中。

材料名称	基准租赁价	基数	上限	进场费	出场费	欠付率
模板						

引导问题 15： 凯旋门项目机械租赁信息如何,请填写在下表中。

机械名称	机械产量	进场费	出场费	基准租赁价	工作用电	工作用水
钢筋加工机械						
混凝土搅拌机						
小型发电机组						
大型发电机组						
小型供水泵机						
大型供水泵机						

三、评价反馈

1. 学生自评

班级：　　　　　　　　姓名：　　　　　　　　学号：

评价项目	评价标准	分值	得分
凯旋门项目构件	填写完整、准确	5	
凯旋门项目构件施工顺序	填写完整、准确	5	
凯旋门项目工期	填写完整、准确	5	
凯旋门项目构件工程量	填写完整、准确	5	
凯旋门项目合同预算	填写完整、准确	5	
凯旋门项目安全施工费用投入	填写完整、准确	5	
凯旋门项目雨季施工费用投入	填写完整、准确	5	
凯旋门项目劳动力资源限制	填写完整、准确	5	
凯旋门项目融资方式	填写完整、准确	5	
凯旋门项目临设信息	填写完整、准确	5	
凯旋门项目劳务信息	填写完整、准确	5	
凯旋门项目原材信息	填写完整、准确	5	
凯旋门项目成品材料信息	填写完整、准确	5	
凯旋门项目周转材料信息	填写完整、准确	5	
凯旋门项目机械租赁信息	填写完整、准确	5	
工作态度	态度端正；无缺勤、迟到、早退	5	
工作质量	能按计划完成工作任务	5	
协调能力	小组成员间配合良好	5	
职业素质	工作严谨	5	
创新意识	有创新见解	5	
合计		100	

2. 小组互评

评价项目	分值	评价小组						
		1	2	3	4	5	6	平均
精神面貌	10							
组织分工	10							
团结协作	20							
工作效率	10							
工作质量	30							
成果展示	20							
合计	100							

3. 教师评价

班级：　　　　　　　　姓名：　　　　　　　　学号：

评价项目		评价标准	分值	得分
考勤		无迟到、早退、旷课现象	10	
工作过程	凯旋门项目构件	填写完整、准确	3	
	凯旋门项目构件施工顺序	填写完整、准确	5	
	凯旋门项目工期	填写完整、准确	3	
	凯旋门项目构件工程量	填写完整、准确	5	
	凯旋门项目合同预算	填写完整、准确	3	
	凯旋门项目安全施工费用投入	填写完整、准确	5	
	凯旋门项目雨季施工费用投入	填写完整、准确	3	
	凯旋门项目劳动力资源限制	填写完整、准确	4	
	凯旋门项目融资方式	填写完整、准确	4	
	凯旋门项目临设信息	填写完整、准确	4	
	凯旋门项目劳务信息	填写完整、准确	5	
	凯旋门项目原材信息	填写完整、准确	5	
	凯旋门项目成品材料信息	填写完整、准确	3	
	凯旋门项目周转材料信息	填写完整、准确	3	
	凯旋门项目机械租赁信息	填写完整、准确	5	
工作态度		态度端正、工作主动认真	5	
协调能力		小组成员间配合良好	5	
职业素质		工作严谨	5	
工作完整		能按时完成任务	5	
工作规范		按程序进行，操作规范	5	
成果展示		能准确汇报工作成果	5	
合计			100	

学生自评 （20%）	小组互评 （30%）	教师评价 （50%）	综合得分

四、相关知识点

知识点1：工程项目管理沙盘建筑模型

工程项目管理沙盘建筑模型均是由钢筋混凝土构件所组成，分别是基础、柱或墩、梁或板。其中JC代表基础，JC-1代表1号基础；D代表墩，D-1代表1号墩，以此类推；Z代表柱，Z-1代表1号柱；L代表梁，L-1代表1号梁；B代表板，B-12代表由1号柱或墩与2号柱或墩所支撑的板。

钢筋混凝土构件由绑钢筋、支模板和浇筑混凝土三个施工工序组成，基础、柱或墩的施工顺序为绑钢筋→支模板→浇筑混凝土。梁或板的施工顺序是支模板→绑钢筋→浇筑混凝土。

钢筋混凝土各构件的施工顺序需按照建筑物的建造顺序进行。首先要建造基础，在基础之上建造钢筋混凝土柱或墩；柱或墩建造完成后，再在其上建造梁或板；若板是支撑在梁上的，应首先建造梁，再在其上建造板。需按照顺序施工的建筑构件，只能按依次施工的施工组织方式，如果没有施工顺序限制，各构件采用依次施工、平行施工和流水施工方式均可。

知识点2：工程项目基本信息

在对工程项目进行沙盘策划之前，要首先了解这个工程项目的基本信息，这些基本信息可以通过书面模型信息获得，也可以通过工程项目管理分析工具软件中的项目信息栏获得。不但要获得这些信息，而且要理解这些信息，以便在此后项目策划时能准确快速地应用。针对凯旋门工程，其基本信息分析有以下几点。

(1)工程模型。凯旋门工程项目共由4个构件组成，一个基础、两个墩和一个板。首先要建造凯旋门基础，然后建造两个墩，最后建造板，两个墩可以平行施工。

(2)项目工期。凯旋门工程项目计划工期为12周，每提前一周奖励5万元，每延误一周罚款10万元。

(3)工程量表。凯旋门工程项目的4个构件，都分别有绑钢筋、支模板和浇筑混凝土三个施工过程，但其中板的施工顺序为支模板、绑钢筋和浇筑混凝土。工程量表列出了每个施工过程的工程量，绑钢筋的单位为吨，支模板的单位为平方米，浇筑混凝土的单位为立方米。

(4)合同预算。凯旋门工程合同预算信息表列出了绑钢筋、支模板和浇筑混凝土三项工程的总工程量、合同单价和报价价格。注意，合同单价对于不同的工程可能会有变化。

(5)安全施工费用投入。对于凯旋门工程项目,当施工到任何墩的绑钢筋工序时要有1万元的安全施工费用投入;当施工到任何板的支模板工序时,其安全施工费用投入要累积到2万元;当施工到任何板的混凝土工序时,其安全施工费用投入要累积到3万元。

(6)天气分析。当工程项目在雨季施工时,需要一定的雨季施工费用投入,什么时候投入是根据常年降雨量所统计出来的。对于凯旋门工程项目,在第5周要有累计1万元的雨季施工费用投入;在第7周雨季施工费用投入要累积到2万元;在第8周雨季施工费用投入要累积到3万元。

(7)市场资源分析。市场资源分析是在对工程进行策划时对劳动力班组资源数量的限制。对于凯旋门工程项目,钢筋班组、模板班组和混凝土班组的可供应数量最多为3个,即工程策划时,各班组的进出场次数不能超过3次。

(8)融资系数。在工程初期项目部没有资金,其需要筹措资金,筹措资金的渠道有公司借款、银行贷款和民间借贷款三种融资方式。针对凯旋门工程项目,公司借款的月利息为5%,银行贷款的月利息为10%,而民间借贷款的月利息为20%。只有在执行阶段出现紧急情况时采用民间借贷款。

(9)临时设施。有钢筋原材料库房、钢筋成品库房、水泥库房、砂石库房、模板库房和劳务宿舍6种临时设施可以建造。临时设施的建造容量越大,所需投入资金越多,同时还需要用电和用水。比如,钢筋原材料库房,建造的最低容量为10 t,建造单价为1万元,需要用电量为1 kW·h;如果要建造大容量的钢筋原材料库房,应该以10 t为单位的容量递增,相应建造单价也以1万元递增,用电量也以1 kW·h递增。其他临时设施也如此,需要注意的是,劳务宿舍既要用电也要用水。

(10)劳务班组。劳务班组有钢筋班组、模板班组和混凝土班组,劳务班组信息表中,钢筋班组每周的劳动工作量为绑钢筋5 t,并且以5 t为基准数;钢筋班组和模板班组在工作时每周要用电1 kW·h,而混凝土班组在工作时,每周既要用电1 kW·h,还要用水1 m³;每个班组的劳务费均为每周每吨1万元,进出场费分别为2万元,待工费为每周3万元;如果当月没有支付班组的劳务费,每推迟一个月需支付欠付利息(欠付款的15%)。

(11)原材料信息。界面有钢筋原材料、水泥原材料和砂石原材料这3种原材料的市场价格,即每吨1万元。

(12)成品信息。有2种成品,钢筋成品和混凝土成品。成品钢筋每吨1.4万元,成品混凝土每立方米1.4万元。购买时均以5吨或1 m³为基准数。

(13)周转材料信息。周转材料即模板,模板租赁价格每周为0.2万元/m²,以5 m²为基准数;模板用卡车运输,每车运输量最多10吨,且每次运输费即模板进出场费为2万元,模板的租赁费也可以采用欠付规则,欠付利息为每月10%。

(14)机械租赁价格。工程所提供的机械有钢筋加工机械、混凝土搅拌机械、发电机组和供水泵机4种。每种机械设有机械产量、进出场费、租赁价格、工作用电和用水等规定。例如钢筋加工机械,每台每周加工 5 t 钢筋成品,每台进场费 2 万元,出场费 2 万元,租赁价格是每台每周 1 万元,工作时用电 1 kW·h,不用水。

拓展阅读

从 1840 年鸦片战争开始,有无数中国的仁人志士,为了国家的崛起和复兴作出了巨大的付出和努力,甚至献出了宝贵的生命。作为新时代的青年学生,应该继承他们的遗志,奋发图强,把我们的国家建设得更加富强,使人民更加幸福。

1955 年初冬,刚刚冲破美国当局阻挠回到祖国的钱学森,来到哈尔滨军事工程学院参观。院长陈赓大将问他:"中国人能不能搞导弹?"钱学森说:"外国人能干的,中国人为什么不能干?难道中国人比外国人矮一截?"就这一句话,决定了钱学森从事火箭、导弹和航天事业的生涯。他以其对中国火箭导弹技术、航天技术乃至整个国防高科技事业的奠基性贡献,为我国武器装备现代化建设写下了精彩绚丽的篇章。

典型工作环节二　凯旋门项目施工进度计划编制

工作描述

要实施对凯旋门项目的策划,首先要编制施工进度计划,施工进度计划是对凯旋门建筑模型各构件及其施工工序进行施工安排。首先要遵守工程工期,然后优化工程项目各施工工序的时间安排,以期用较少的投入,获得较高经济收益。

学习目标

(1)能运用横道图绘制简单建筑模型的施工进度计划。
(2)对简单建筑模型的施工进度计划进行优化。

学习任务

首先列出凯旋门项目各构件及工程量情况,确定各构件的施工先后顺序;在施工进度计划横道图上,初步绘制构件各施工工序的施工横道,形成初步施工进度计划。运用流水施工原理,合理布置各项施工顺序,确保各工序的逻辑关系正确;对施工进度计划进行优化,做到均衡施工。

一、任务分组

班组		组号		指导教师	
组长	姓名			学号	
组员	姓名			学号	

任务分工：

二、工作准备

(1)学习施工进度计划横道图的绘制规则和要求。
(2)复习施工组织方式:流水施工、依次施工和平行施工。
(3)提供凯旋门工程项目的立体模型。

三、工作实施

1. 凯旋门工程项目各构件和工序分析

引导问题 1:根据凯旋门工程项目各构件的工程量,确定所需班组及持续时间,并填写在下表中。

构件及编号		工程量	班组	班组个数	持续时间/周
JC-1	JC-1-1	5	钢筋		
	JC-1-2	5	模板		
	JC-1-3	10	混凝土		
D-1	D-1-1	5	钢筋		
	D-1-2	5	模板		
	D-1-3	10	混凝土		
D-2	D-2-1	5	钢筋		
	D-2-2	5	模板		
	D-2-3	10	混凝土		
B-12	B-12-1	5	钢筋		
	B-12-2	5	模板		
	B-12-3	10	混凝土		

引导问题 2:基础、柱或墩、梁、板等钢筋混凝土构件的施工工序及顺序如何,请填写在下表中。

构件	工序1	工序2	工序3
基础(JC)			
柱或墩(Z或D)			

续表

构件	工序 1	工序 2	工序 3
梁(L)			
板(B)			

引导问题 3：凯旋门项目各构件采用的施工组织方式如何,请填写在下表中。

构件	施工组织方式	最终采用施工组织方式
JC-1 与 D-1/D-2 之间		
D-1 与 D-2 之间		
D-1 或 D-2 与 B-12		

引导问题 4：凯旋门项目同一构件各工序采用何种施工组织方式？

_____

_____

2.凯旋门项目施工进度计划

引导问题 1：凯旋门项目构件建造前需完成哪些工作？

_____

_____

引导问题 2：在软件的施工进度计划中,绑钢筋、支模板和浇筑混凝土各用什么颜色绘制？

_____

_____

引导问题 3：施工进度计划中,横道里的数字代表什么？

_____

_____

引导问题 4：凯旋门工程项目的工期为多少？

_____

_____

四、评价反馈

1. 学生自评

班级：　　　　　　　姓名：　　　　　　　学号：

评价项目	评价标准	分值	得分
凯旋门项目构件施工工序	填写完整、准确	5	
凯旋门项目构件施工顺序	填写完整、准确	5	
凯旋门项目构件分析	填写完整、准确	5	
凯旋门项目各构件施工组织方式	填写完整、准确	5	
其他引导问题	回答正确	10	
凯旋门项目施工进度计划	填写完整、准确	40	
工作态度	态度端正；无缺勤、迟到、早退	5	
工作质量	能按计划完成工作任务	5	
协调能力	小组成员间配合良好	10	
职业素质	工作严谨	5	
创新意识	有创新见解	5	
合计		100	

2. 小组互评

评价项目	分值	评价小组						
		1	2	3	4	5	6	平均
精神面貌	10							
组织分工	10							
团结协作	20							
工作效率	10							
工作质量	30							
成果展示	20							
合计	100							

3. 教师评价

班级：　　　　　　　姓名：　　　　　　　学号：

评价项目		评价标准	分值	得分
	考勤	无迟到、早退、旷课现象	10	
工作过程	凯旋门项目构件施工工序	填写完整、准确	5	
	凯旋门项目构件施工顺序	填写完整、准确	5	
	凯旋门项目构件分析	填写完整、准确	5	
	凯旋门项目各构件施工组织方式	填写完整、准确	5	
	其他引导问题	填写完整、准确	10	
	凯旋门项目施工进度计划	填写完整、准确	40	
	工作态度	态度端正、工作主动认真	5	
	协调能力	小组成员间配合良好	5	
	职业素质	工作严谨	5	
	成果展示	能准确汇报工作成果	5	
合计			100	

学生自评 （20%）	小组互评 （30%）	教师评价 （50%）	综合得分

五、相关知识点

知识点 1：施工组织方式

施工组织方式主要解决的问题是如何组织各参与施工过程的施工队组的施工顺序和搭接方式。一般来说，施工组织方式有三种：依次施工、平行施工和流水施工。

依次施工是指将工程对象任务分解成若干个施工过程或施工段，按照一定的施工顺序，前一个施工过程完成后，后一个施工过程才开始。

平行施工是指施工过程的施工队组同时开工、同时完成的一种施工组织方式。

流水施工是指所有的施工过程按一定的时间间隔依次投入施工，各个施工过程陆续开工、陆续竣工，使同一施工过程的施工队伍保持连续、均衡施工，不同施工过程尽可能平行搭接施工的组织方式。

知识点 2：工程项目管理沙盘模型编制施工进度计划

一项工程，各个工序的安排一般有三种施工组织方式：依次施工、平行施工和流水施工。对于具有约束关系的构件应该采取依次施工；同一构件的各个工序，按照施工工艺也应采取依次施工。比如凯旋门工程，只有基础施工完，才能进行对墩的施工，只有墩施工完，才能进行对板的施工，所以基础和墩、墩和板之间都要采取依次施工；基础的三个工序绑钢筋、支模板和浇筑混凝土，也要采取依次施工。没有约束关系的构件既可以采用平行施工，也可以采用流水施工，平行施工可以缩短工期，但资源需要较为集中，而流水施工虽然工期长一些，但资源会比较均衡，应优先采用。对于不同的工程项目，两种施工组织方式应灵活运用。

对于一个工程项目，进行进度计划安排时，应该注意两点：工期应为合同工期或稍微短一些；工程的各类资源供应尽量平衡。这样才能使工程项目的利润达到较高。凯旋门工程项目构件较少，各构件工序安排比较简单，其中比较重要的是要把两个墩的施工采用流水施工方式。

典型工作环节三　凯旋门项目生产子项目策划

工作描述

按照凯旋门项目的施工进度计划,下一步要进行生产环节的施工策划,生产环节的策划主要由生产经理承担,其策划内容主要包括工程量完成计划、风险预防措施、劳务班组进出场计划、材料使用计划和模板使用计划,此策划也是采购的前提和基础。

学习目标

(1)完成生产环节的各项策划任务。
(2)使生产环节策划能够最优。

学习任务

(1)填写工程量完成计划。
(2)填写风险预防措施。
(3)填写劳务班组进出场计划。
(4)填写材料使用计划。
(5)填写模板使用计划。

一、任务分组

班组		组号		指导教师	
组长	姓名		学号		
组员	姓名			学号	

任务分工:

二、工作准备

(1)熟悉工程项目管理沙盘实训分析工具软件及凯旋门项目工程资料。
(2)熟悉工程项目管理沙盘模拟实训规则。
(3)了解凯旋门项目施工进度计划。
(4)搞清生产经理需担负的工作任务。

三、工作实施

引导问题1：各施工班组各月完成相应工程量应为多少,请填写在下表中。

工序	工程状态	第1月	第2月	第3月
绑钢筋	完成			
	在施			
支模板	完成			
	在施			
浇筑混凝土	完成			
	在施			

引导问题2：为了保证施工顺利进行和施工安全,在项目施工中如何进行安全施工费用投入和雨季施工费用投入,请填写在下表中。

风险项目	第1周	第2周	第3周	第4周	第5周	第6周	第7周	第8周	第9周	第10周	第11周	第12周
安全施工费用投入												
雨季施工费用投入												
合计												

引导问题 3：作为生产经理，需要安排各劳务班组适时投入施工，也需要决定各劳务班组的进出场时间，凯旋门项目的劳务班组进出场应如何安排，请填写在下表中。

班组名称	项目	时间											
		第1周	第2周	第3周	第4周	第5周	第6周	第7周	第8周	第9周	第10周	第11周	第12周
钢筋班组	进场数量												
	出场数量												
模板班组	进场数量												
	出场数量												
混凝土班组	进场数量												
	出场数量												

引导问题 4：生产经理要组织施工，首先需提供各施工材料的使用数量和时间，以便采购经理及时采购。各施工材料使用情况如何，请填写在下表中。

材料名称		时间											
		第1周	第2周	第3周	第4周	第5周	第6周	第7周	第8周	第9周	第10周	第11周	第12周
钢筋	使用数量												
	月度合计												
混凝土	使用数量												
	月度合计												

引导问题 5：生产经理要组织施工，首先也需提供模板的使用数量和时间，以便采购经理及时租赁。模板使用情况如何，请填写在下表中。

模板	时间											
	第1周	第2周	第3周	第4周	第5周	第6周	第7周	第8周	第9周	第10周	第11周	第12周
使用数量												

四、评价反馈

1. 学生自评

班级：　　　　　　　　姓名：　　　　　　　　学号：

评价项目	评价标准	分值	得分
凯旋门项目工程量完成计划	填写完整、准确	15	
凯旋门项目风险预防措施	填写完整、准确	15	
凯旋门项目劳务班组进出场计划	填写完整、准确	15	
凯旋门项目材料使用计划	填写完整、准确	15	
凯旋门项目模板使用计划	填写完整、准确	15	
工作态度	态度端正；无缺勤、迟到、早退	5	
工作质量	能按计划完成工作任务	5	
协调能力	小组成员间配合良好	5	
职业素质	工作严谨	5	
创新意识	有创新见解	5	
合计		100	

2. 小组互评

评价项目	分值	评价小组						
		1	2	3	4	5	6	平均
计划合理	10							
团结合作	10							
组织有序	10							
工作质量	30							
工作效率	10							
工作规范	10							
成果展示	20							
合计	100							

3. 教师评价

班级：　　　　　　　姓名：　　　　　　　学号：

评价项目		评价标准	分值	得分
考勤		无迟到、早退、旷课现象	10	
工作过程	凯旋门项目工程量完成计划	填写完整、准确	15	
	凯旋门项目风险预防措施	填写完整、准确	15	
	凯旋门项目劳务班组进出场计划	填写完整、准确	15	
	凯旋门项目材料使用计划	填写完整、准确	10	
	凯旋门项目模板使用计划	填写完整、填写准确	10	
工作态度		态度端正、工作主动认真	5	
协调能力		小组成员间配合良好	5	
职业素质		工作严谨	5	
工作规范		按程序进行，操作规范	5	
成果展示		能准确汇报工作成果	5	
合计			100	

综合评价

学生自评（20%）	小组互评（30%）	教师评价（50%）	综合得分

五、相关知识点

知识点 1：工程量完成计划

填写工程量完成计划要以施工进度计划为依据。计算每个月绑扎钢筋、支模板和浇筑混凝土三个工序所计划的要完成工程量的总和。比如第 5 周绑扎钢筋 5 t，第 6 周绑扎钢筋 5 t，第 2 个月合计绑扎钢筋 10 t。当某个施工工序跨越两个月时，其工程量应该按前一个月的在施（正在施工）计算。比如第 8 周 D-2 开始浇筑混凝土，到第 9 周完成，工程量为 10 m³，则第 2 个月有 10 m³ 浇筑混凝土在施。

知识点 2：风险预防措施

工程项目施工风险预防措施包括两个方面：安全施工费用投入和雨季施工费用投入。安全施工费用投入按照施工进度计划和施工危险系数分析实施，雨季施工费用投入按照工程资料中的天气分析实施。对于安全施工费用投入，先看工程信息中的施工安全系数分析，在施工到第 1 个墩的第 1 道工序时需要累积 1 万元的安全施工费用投入；再看施工进度计划，在第 5 周开始施工第 1 个墩的第 1 道工序（绑钢筋），所以在安全施工费用投入一栏的第 5 周填入 1 万元。对于雨季施工费用投入，在天气分析中，第 5 周累计投入 1 万元，第 7 周累计投入 2 万元，第 8 周累计投入 3 万元，则在雨季施工费用投入栏，第 5、7、8 周分别填写 1 万元的雨季施工费用投入即可。

知识点 3：劳务班组进出场计划

劳务班组进出场计划应按施工进度计划填写，其反应施工现场所需施工人员的时间和数量。比如从施工进度计划上看，钢筋劳务班组在第 2 周进场为 1 个，工作 1 周，第 3 周工作完成，两周后才再次绑钢筋，所以，钢筋劳务班组第 3 周应该出场 1 个。

知识点 4：材料使用计划

材料使用计划应根据施工进度计划填写，在第 2、5、6、10 周需要各绑扎钢筋 5 t，所以第 2、5、6、10 周需要钢筋成品各 5 t；同样，第 4、7、8、11 周也需要混凝土成品各 10 m³。

知识点 5：模板使用计划

对于模板使用计划，也应参照施工进度计划来填写，但需要注意的是，不但在支模板时使用模板，而且在构件浇筑混凝土时模板并没有拆除，模板也处在使用状态，只有混凝土浇筑完成后，模板才能拆除。在第 3 周支基础模板，第 4 周浇筑混凝土时也在使用这个模板，第 5 周拆除，所以第 3 周使用 5 m² 模板，第 4 周也使用 5 m² 模板。梁板构件在绑扎板钢筋时，模板也要使用，故第 10 周和第 11 周也使用 5 m² 模板。

典型工作环节四　凯旋门项目采购子项目策划

工作描述

完成生产环节的施工策划后,下一步需进行采购环节的策划,采购环节的策划主要由采购经理承担,其策划内容主要包括模板进出场计划、机械进出场计划、原材采购计划、成品采购计划和临时设施建造计划。

学习目标

(1)完成采购环节的各项策划任务。
(2)使采购环节策划做到较优。

学习任务

(1)填写模板进出场计划。
(2)填写机械进出场计划。
(3)填写原材采购计划。
(4)填写成品采购计划。
(5)填写临时设施建造计划。

一、任务分组

班组		组号		指导教师	
组长	姓名		学号		
组员	姓名			学号	

任务分工：

二、工作准备

(1)熟悉工程项目管理沙盘分析工具软件及凯旋门项目工程资料。
(2)熟悉工程项目管理沙盘模拟实训规则。
(3)理解凯旋门项目施工进度计划及生产经理策划表格。
(4)明白采购经理需要担负的任务。

三、工作实施

引导问题 1:为了满足施工需要,采购经理应该如何安排模板进出场计划,请填写在下表中。

项目	时间											
	第1周	第2周	第3周	第4周	第5周	第6周	第7周	第8周	第9周	第10周	第11周	第12周
进场数量												
出场数量												
运输费												
租赁费												

引导问题 2:为了保证施工正常顺利进行,采购经理应该如何安排施工现场每月原材采购计划,请填写在下表中。

材料名称	项目	时间		
		第1个月	第2个月	第3个月
钢筋原材	采购数量			
	采购金额			
水泥原材	采购数量			
	采购金额			
砂石原材	采购数量			
	采购金额			

项目二　凯旋门项目策划

引导问题 3：为了保证施工顺利进行，采购经理应该如何确定施工现场每周所需材料，请填写在下表中。

材料	项目	时间											
		第1周	第2周	第3周	第4周	第5周	第6周	第7周	第8周	第9周	第10周	第11周	第12周
钢筋成品	采购数量												
	采购金额												
混凝土成品	采购数量												
	采购金额												

引导问题 4：为了保证施工正常进行，凯旋门项目施工现场需要建造哪些临时设施，设施各有什么要求，请填写在下表中。

临时设施名称	容量要求	建造费用	用电量	用水量
钢筋原材库房				
钢筋成品库房				
水库				
砂石库房				
模板库房				
劳务宿舍				
合计				

引导问题 5：为了保证正常施工，凯旋门项目施工现场需要哪些施工机械设备，它们的租赁时间和数量怎么确定，请填写在下表中。

机械名称	项目	时间											
		第1周	第2周	第3周	第4周	第5周	第6周	第7周	第8周	第9周	第10周	第11周	第12周
钢筋加工机械	进场数量												
	出场金额												
混凝土搅拌机械	进场数量												
	出场金额												
小型发电机组	进场数量												
	出场金额												
大型发电机组	进场数量												
	出场金额												
小型供水泵机	进场数量												
	出场金额												
大型供水泵机	进场数量												
	出场金额												

四、评价反馈

1. 学生自评

班级：　　　　　　　姓名：　　　　　　　学号：

评价项目	评价标准	分值	得分
凯旋门项目模板进出场计划	填写完整、准确	15	
凯旋门项目原材采购计划	填写完整、准确	15	
凯旋门项目成品采购计划	填写完整、准确	15	
凯旋门项目临时设施建造计划	填写完整、准确	15	
凯旋门项目机械进出场计划	填写完整、准确	15	
工作态度	态度端正；无缺勤、迟到、早退	5	
工作质量	能按计划完成工作任务	5	
协调能力	小组成员间配合良好	5	
职业素质	工作严谨	5	
创新意识	有创新见解	5	
合计		100	

2. 小组互评

评价项目	分值	评价小组						
		1	2	3	4	5	6	平均
精神面貌	10							
组织分工	10							
团结协作	20							
工作效率	10							
工作质量	30							
成果展示	20							
合计	100							

3. 教师评价

班级：　　　　　　姓名：　　　　　　学号：

评价项目		评价标准	分值	得分
考勤		无迟到、早退、旷课现象	10	
工作过程	凯旋门项目模板进出场计划	填写完整、准确	10	
	凯旋门项目原材采购计划	填写完整、准确	10	
	凯旋门项目成品采购计划	填写完整、准确	10	
	凯旋门项目临时设施建造计划	填写完整、准确	15	
	凯旋门项目机械进出场计划	填写完整、准确	15	
工作态度		态度端正、工作主动认真	5	
协调能力		小组成员间配合良好	5	
职业素质		工作严谨	5	
工作完整		按程序进行，操作规范	5	
工作规范		工作要求、程序规矩	5	
成果展示		能准确汇报工作成果	5	
合计			100	

综合评价

学生自评（20%）	小组互评（30%）	教师评价（50%）	综合得分

五、相关知识点

知识点1：模板进出场计划

模板进出场计划要根据模板使用计划填写，也就是说，什么时候使用模板，就什么时候安排模板进场，什么时候不使用模板了，就安排模板出场或将模板放入模板库房。从模板使用计划上看，第1、2周不需要模板，因此不需要模板进场；第3周需要5 m² 模板，该周需要安排5 m² 模板进场；第4周也只使用5 m² 模板，所以这周，模板既不需要进场也不需要出场；第5周不使用模板，则应该把模板放入模板库房，因为如果安排模板出场，第6周再进场需要支付进出场费4万元，而放入模板库房只需支付1万元建造模板库房费和1万元模板租赁费即可，这样节省资金，可获取更高利润，所以第5周和第6周都无模板进出场。各周模板的运输费和租赁费按照工程资料所规定的周转材料运输费和租赁费进行计算。

知识点2：原材采购计划

根据实训规则，工程原材分为钢筋原材、水泥原材和砂石原材三种，而且均需要月初采购。若项目所需材料选用采购成品的话，就不需采购原材了。对于凯旋门工程，钢筋全部选择成品订购，所以无需购买钢筋原材；混凝土全部选择购买原材，现场搅拌，所以需要根据施工进度计划来填写水泥原材和砂石原材的采购计划。这里需要注意，现场搅拌混凝土均需要提前1周搅拌，所以购买水泥原材和砂石原材要提前1周。第4周需要浇筑10 m³ 混凝土，那么第3周需要购买水泥和砂石原材，根据实训规则，水泥和砂石原材各购买5 t，可搅拌10 m³ 混凝土；在第7周和第8周各浇筑10 m³ 混凝土，需要提前1周购买水泥和砂石原材，则第2个月的水泥和砂石原材各需要购买10 t。各类原材采购金额，按工程资料中原材价格计算即可。

知识点3：成品采购计划

在所有构件所用钢筋和混凝土材料中，如果都已经选择原材现场加工，在此就不需要选择成品采购了，否则就需要编制成品采购计划。凯旋门工程将所有钢筋都选择成品采购，混凝土都选择现场加工，所以在成品采购计划中只填写钢筋成品订购。钢筋或混凝土成品要按照周来订购，而且需要提前一周订购。从施工进度计划上看，如果某周需要绑扎钢筋或浇筑混凝土，那么就提前一周订购成品钢筋或成品混凝土。参照凯旋门工程施工进度计划表，第2、5、6、10周各需要绑扎钢筋5 t，则就在第1、4、5、9周分别订购成品钢筋5 t。相应的采购金额，按工程资料中成品价格计算即可。

知识点 4：临时设施建筑计划

工程项目管理沙盘模拟实训项目所设置的临时设施有钢筋原材库房、钢筋成品库房、水泥库房、砂石库房、模板库房和劳务宿舍 6 种。只有工程购买了钢筋原材才需要建造钢筋原材库房。对于钢筋成品库房，只有在现场加工的钢筋成品，未能及时使用，而需要贮存时才建造。水泥库房和砂石库房是现场加工混凝土时需要建造，同时要根据本月所采购的水泥原材和砂石原材加上上月所剩余原材的最大值来确定所建造的水泥库房和砂石库房容量。模板库房是在现场模板拆除后未能及时出场的情况下，临时存入模板库房时，才需要建造模板库房。劳务宿舍根据各周施工现场所存在的劳务班组（无论施工和待工）的最大数量来确定。

凯旋门工程项目所用钢筋为成品订购，所以不需要建造钢筋原材库房和钢筋成品库房。所用混凝土为现场搅拌加工，需建造水泥库房和砂石库房，凯旋门项目的第 2 个月采购水泥 10 t，采购砂石 10 t，上月均没有剩余，所以需要建造 10 t 的水泥库房和 10 t 的砂石库房。

在编制模板进出场计划时，第 5 周有 5 m^2 的模板拆除，但这一周不需要模板，也没有安排模板出场，需要把模板存入模板库房，所以需要建造 5 m^2 的模板库房，但软件设置模板库房的建造最低容量为 10 m^2，所以最终建造 10 m^2 的模板库房。从施工进度计划表中可以看出，第 6 周有 1 个模板班组和 1 个钢筋班组在工作，第 7 周有 1 个混凝土班组和 1 个模板班组在工作，第 8 周有 1 个混凝土班组在工作，1 个模板班组待工，这三周现场劳务班组数量最多，有 2 个劳务班组，所以需要建造容量为 2 个班组的劳务宿舍。

知识点 5：机械进出场计划

工程项目管理沙盘实训所设置的施工机械有钢筋加工机械、混凝土搅拌机械、小型发电机组、大型发电机组、小型供水泵机、大型供水泵机 6 种。若项目采用钢筋成品或混凝土成品订购的方式，则均不需要钢筋加工机械或混凝土搅拌机械；若采用现场加工钢筋或现场搅拌混凝土，就需要钢筋加工机械或混凝土搅拌机械。发电机组和供水泵机的选用，要根据施工现场的用电量和用水量来确定，用电量和用水量涉及三个方面：施工机械用电、劳务班组施工用电和临时设施用电。把这三个方面每周的用电量和用水量进行统计，并加在一起，选择用电量或用水量最多的一周。

若用电量小于 20 kW·h，就选用小型发电机组；若用电量为 20～40 kW·h，选用大型发电机组；若用水量小于 10 m^3，选用小型供水泵机；若用水量为 10～20 m^3，选用大型供水泵机。

对于凯旋门项目，钢筋采用成品订购，不需要租赁钢筋加工机械；混凝土采用现场搅拌加工，因此需一台混凝土搅拌机械；对于发电机组的选用，先确定用电量，钢筋班组、模板班组和混凝土班组在施工时的用电量均为 1 kW·h；再看施工进度计划，只有第 6 和第 7 周，有两个劳务班组工作，其用电量为 2 kW·h，并且在第 6 和第 7 周，混凝土搅拌机械用电量为 1 kW·h；若用小型供水泵机,用电量为 2 kW·h,若用大型供水泵机,用电量为 4 kW·h;临时设施用电量为 5 kW·h。将 3 项的用电量相加可得总用电量为 10 kW·h 或 12 kW·h,所以,选用小型发电机即可。

对于供水泵机的选用,要看用水量,劳务班组中只有混凝土班组在施工时用水 1 m^3,在施工进度计划中,第 4、7、9、11 周浇筑混凝土,需要用水量 1 m^3;在机械进出场计划中,1 台混凝土搅拌机械在第 3 周至第 11 周需要用水量 1 m^3;临时设施建筑计划中,劳务宿舍需用水量 2 m^3;将这 3 项加在一起,总用水量最多为 4 m^3,所以,选用小型供水泵机即可。还要注意的是,发电机组和供水泵机的进场时间均为第 1 周,出场时间均为工程完工时间。

典型工作环节五　凯旋门项目财务子项目策划

工作描述

完成采购环节的施工策划后,下一步需进行财务环节的策划,财务环节的策划主要由财务经理承担,其策划内容主要包括现金流量表、收入计划、欠付计划、融资计划等。

学习目标

(1)完成财务环节的各项策划任务。
(2)使财务环节策划做到更优。

学习任务

(1)填写现金流计划。
(2)填写收入计划。
(3)填写欠付计划。
(4)填写融资计划。

一、任务分组

班组		组号		指导教师	
组长	姓名		学号		
组员	姓名			学号	

任务分工：

二、工作准备

(1)熟悉工程项目管理沙盘分析工具软件及凯旋门项目工程资料。
(2)熟悉工程项目管理沙盘模拟实训规则。
(3)明白财务经理需承担的策划任务。
(4)熟悉工程造价成本计算的基础知识。

三、工作实施

引导问题 1：凯旋门项目各月的收入与支出情况是怎样的，请填写在下表中。

单位：万元

		第1月	第2月	第3月	合计
	一、报量前现金流入				
1	公司借款				
2	银行贷款				
	二、月初现金结余				
	三、报量前现金流				
1	临设建造				
2	劳务班组进出场运输费				
3	周转材料（模板）进出场运输费				
4	机械进出场运输费				
5	原材料（钢筋、水泥、砂石）采购				
6	风险投入				
7	预定成品钢筋或成品混凝土				
8	支出待工费				
	四、月末报量前现金结余				

续表

	五、报量后现金流入				
1	甲方报量				
2	资产变卖、其他收入				
	六、月中现金结余				
	七、报量后现金流出				
1	税金支出				
2	劳务结算支付				
3	周转(模板租赁费)结算支付				
4	机械结算支付(机械租赁费)				
5	现场管理费支出				
6	偿还贷款				
7	贷款利息支出				
8	劳务费、其他费用欠付还款				
9	欠付利息支出				
10	其他支出				
	八、月末现金结余				

引导问题 2:凯旋门项目各月的计划收入是多少,请填写在下表中。

项目	时间		
	第1月	第2月	第3月
其他收入计划			
甲方报量收入/万元			
完成百分比/%			

注:计算结果保留一位小数。

引导问题3:为了保证施工正常顺利进行,凯旋门项目应采用何种融资方式,融资金额为多少,请填写在下表中。

单位:万元

序号	融资方式	资金流动	第1月	第2月	第3月
1	公司贷款	计划贷款			
2		计划还款			
3		利息支出			
4	银行贷款	计划贷款			
5		计划还款			
6		利息支出			
7	民间借贷款	计划贷款			
8		计划还款			
9		利息支出			

引导问题4:凯旋门项目如何设置欠付计划,请填写在下表中。

单位:万元

序号	融资方式	第1月	第2月	第3月
1	劳务费欠付			
2	劳务费欠付还款			
3	劳务费欠付利息			
4	模板费用欠付			
5	模板费用欠付还款			
6	模板费用欠付利息			

四、评价反馈

1. 学生自评

班级：　　　　　　　　姓名：　　　　　　　　学号：

评价项目	评价标准	分值	得分
凯旋门项目现金流量	填写完整、准确	45	
凯旋门项目收入计划	填写完整、准确	10	
凯旋门项目融资计划	填写完整、准确	10	
凯旋门项目欠付计划	填写完整、准确	10	
工作态度	态度端正；无缺勤、迟到、早退	5	
工作质量	能按计划完成工作任务	5	
协调能力	小组成员间配合良好	5	
职业素质	工作严谨	5	
创新意识	有创新见解	5	
合计		100	

2. 小组互评

评价项目	分值	评价小组						
		1	2	3	4	5	6	平均
精神面貌	10							
组织分工	10							
团结协作	20							
工作效率	10							
工作质量	30							
成果展示	20							
合计	100							

3. 教师评价

班级：　　　　　　　姓名：　　　　　　　学号：

评价项目		评价标准	分值	得分
考勤		无迟到、早退、旷课现象	10	
工作过程	凯旋门项目现金流量	填写完整、准确	40	
	凯旋门项目收入计划	填写完整、准确	10	
	凯旋门项目融资计划	填写完整、准确	10	
	凯旋门项目欠付计划	填写完整、准确	5	
工作态度		态度端正、工作主动认真	5	
协调能力		小组成员间配合良好	5	
职业素质		工作严谨	5	
工作规范		按程序时行，操作规范	5	
成果展示		能准确汇报工作成果	5	
合计			100	

综合评价

学生自评（20%）	小组互评（30%）	教师评价（50%）	综合得分

五、相关知识点

知识点 1:现金流量表

在财务经理策划之前,要掌握工程施工各月的资金流动情况,需填写现金流量表。现金流量表有四项具体内容需要填写:报量前现金流入、报量前现金流出、报量后现金流入和报量后现金流出。还要计算出月初现金结余、月末报量前现金结余、月中现金结余及月末现金结余。在填写时,应该从第 1 月开始,以月为单位填写,而且每月都需要通过结算,得到本月的报量工程款。需要注意的是,各月应先填写报量前现金流出的八项内容,再确定报量前现金流入。下面通过凯旋门项目第 1 月的现金流量来说明如何填写现金流量表。

工程项目管理沙盘模拟实训项目假定项目经理部在开工时,没有流动资金,对于工程的初期投入,需要通过借款或贷款来解决,此款项的数额通过第 1 个月的工程初期投入资金量确定。

先计算凯旋门工程第 1 个月的报量前现金流出,查看采购经理策划中的临时设施建造计划可知,临设建造费用为 5 万元,则在现金流量表的临设建造的第 1 个月栏中填入 5 万元。第 2 项劳务班组进出场运输费,查看生产经理策划中的劳务班组进出场计划可知,在第 1 至第 4 周,钢筋班组进出场各 1 次,每次 2 万元,进出场费共计 4 万元;模板班组进出场各 1 次,每次 2 万元,共计 4 万元;混凝土班组进出场各 1 次,每次 2 万元,共计 2 万元;合计 10 万元。第 3 项周转材料(模板)进出场运输费,查看采购经理策划中的模板进出场计划可知,第 3、7、8、12 周模板进出场运输费各 2 万元,只有第 3 周属于第 1 个月,故第 1 个月模板进出场运输费 2 万元。第 4 项机械进出场运输费,查看采购经理策划中的机械进出场计划可知,在第 1 至第 4 周,混凝土搅拌机械、小型发电机组和小型供水泵机三台机械各进场 1 次,每次 2 万元,共计 6 万元。第 5 项原材料(钢筋、水泥、砂石)采购,查看采购经理策划中的材料采购(原材)计划可知,第 1 月水泥采购支出费用 5 万元,砂石采购支出费用 5 万元,共计 10 万元。第 6 项风险投入,查看生产经理策划中的风险预防措施可知,第 1 至第 4 周无安全施工费用投入和雨季施工费用投入,故第 1 月的风险预防投入为 0。第 7 项预定成品钢筋或成品混凝土,查看采购经理策划中的材料采购(成品)计划在第 1 周和第 4 周采购成品钢筋支出费用 14 万元,故第 1 月成品采购支出 14 万元。第 8 项支出待工费,从施工进度计划中可知,第 1 月没有生产班组待工,此时待工费为 0。将以上八项内容相加,可得报量前现金流出共计 47 万元。

再填报量前现金流入,上述 47 万元的现金流出,项目部需要通过借款或贷款解决,由于公司借款月利率为 5%,银行贷款月利率为 10%,民间借贷月利率为 20%,而且现金可能后几月都会用,所以采用公司借款比较合理,而公司借款应为 20 万元的整数倍,故公司借款 60 万元,上月现金结转 0，报量前现金流入为 60 万元。月末报量前现金结余 13 万元。

再进行报量后现金流入的计算，第 1 项甲方报量，从生产经理策划中的工程量完成计划可知，第 1 月完成绑钢筋 5 吨，每吨收入 4 万元，完成支模板 5 平方米，每平方米收入 4 万元，合计甲方报量收入 40 万元。第 2 项资产变卖和其他等于收入，这一项只有工程结束时才能兑现，所以第 1 月为 0。报量后现金流入（40＋0）万元。月中现金结余＝月末报量前现金结余＋报量后现金流入＝40 万元＋13 万元＝53 万元。

最后计算报量后现金流出，第 1 项税金支出，第 1 月甲方报量 40 万元，税率为 3％，则税金支出＝40 万元×3％＝1.2 万元，四舍五入为 1 万元。第 2 项劳务结算支付，从生产经理策划中的工程量完成计划可知，绑钢筋完成 5 吨，每吨劳务费 1 万元，需支付钢筋班组劳务费 5 万元；支模板完成 5 平方米，每平方米劳务费 1 万元，需支付模板班组劳务费 5 万元，合计 10 万元。第 3 项周转材料（模板租赁费）结算支付，从采购经理策划中的模板进出场计划可知，第 1 至第 4 周支出模板租赁费合计 2 万元。第 4 项机械（租赁费）结算支付，混凝土搅拌机械从第 3 周进场到第 4 周共两周，每周租赁费 1 万元，共计 2 万元；小型发电机组和小型供水泵机从第 1 周进场至第 4 周，每周租赁费各 1 万元，共计 8 万元；所以第 1 月机械租赁费合计 10 万元。第 5 项现场管理费支出，凯旋门工程现场共建造了 2 个劳务宿舍，则现场管理费＝劳务宿舍数量×2 万元＝2×2 万元＝4 万元。第 6 项偿还贷款，由于第 1 月初未向银行贷款，也未进行民间借贷，此项为 0。第 7 项贷款利息支出，由于向公司借款 60 万元，月利率为 5％，则贷款利息支出为 60 万元×5％＝3 万元。第 8 项和第 9 项为劳务费和其他费用欠付还款和欠付利息支出，第 1 月没有欠付，此两项均为 0。第 10 项其他支出，在策划阶段，不存在其他支出，所以此项亦为 0。将以上 10 项内容加在一起，合计 30 万元。则第 1 个月净现金流＝月中现金结余－报量后现金流出＝53 万元－30 万元＝23 万元。

按照以上方法，可以填写第 2 月、第 3 月的现金流量。需要补充说明的是，第 2 月若银行贷款 40 万元，月末报量前现金结余 15 万元。此时可以采用劳务欠付，银行贷款 20 万元，第 1 月劳务欠付 9 万元，这样月末报量前现金结余 4 万元，可节省利息 1 万元。第 8 周属于第 2 月，模板班组有一周的现场待工，项目部需支付待工费 3 万元；第 3 月资产变卖和其他收入按收入计划中其他收入填写，即 3 万元。

知识点 2：收入计划

收入计划分为三部分内容：其他收入、甲方报量收入和完成百分比。其他收入只在项目施工的最后一个月存在，此项收入一般包括资产变卖和工期奖励或罚款两项，资产变卖是指临时设施在竣工时的变卖所得，按临设建造费用的 50% 计算，凯旋门项目临设建造费用为 5 万元，变卖后，所得为 2.5 万元，按四舍五入的原则，资产变卖所得为 3 万元；工期奖励或罚款按照工程资料中的规定实施，凯旋门项目工期既没提前也没拖后，此项收入为 0，故其他收入在第 3 个月为 3 万元。甲方报量收入按现金流量表所计算的结果填写即可；完成百分比计算比较简单，如第 1 月完成百分比：40 万元/(40 万元+160 万元+120 万元)=12.5%。

知识点 3：融资计划

融资计划应按现金流量表来填写。对于凯旋门项目，第 1 月公司借款 60 万元，第 3 月公司还款 60 万元，每月利息 3 为万元。第 2 月月初银行贷款 20 万元，月末还款 20 万元，利息为 2 万元。

知识点 4：欠付计划

在填写现金流量表时，在第 1 月采用了劳务欠付，即第 1 月给劳务人员少发了 9 万元工资，第 2 月补发，但须支付 1 万元利息。

项目三 长安剧院项目策划

项目目标

1. 技能目标

(1)掌握长安剧院四大经理策划。

(2)掌握长安剧院策划的操作技巧。

(3)掌握长安剧院各策划环节的优化。

(4)进一步体会工程项目管理的管理理念和思想。

2. 思政目标

(1)培养学生分析问题的能力,引导学生学会思考和更好地运用知识,提高专业认同感和价值感。

(2)培养学生职业责任意识,教导学生在施工过程中要遵循科学规律,要有基于专业的科学精神的责任感。

项目描述

1. 工程概况

工程名称:长安剧院工程。

工期要求:在16周内完成。(提前一周奖励15万,延迟一周罚款25万)。

2. 施工图纸

长安剧院施工图纸如图3-1所示。

图纸说明:每个构件包含3个工序,柱的工序顺序:钢筋绑扎→模板支设→混凝土浇筑;梁的工序顺序:模板支设→钢筋绑扎→混凝土浇筑。在两根柱子混凝土浇筑完后,其上方的梁才可进行施工,梁L-24-5必须在梁L-24及柱D-5施工完后方可进行施工。混凝土浇筑完成后,模板周转材料方可拆除,模板班组施工不用考虑拆模及养护。

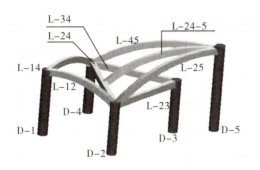

图 3-1　长安剧院工程模型

3. 工程量表

长安剧院项目每个构件施工工序的工程量,如表 3-1 所示。

表 3-1　长安剧院工程各构件施工工序工程量表

构件编号	施工工序编号	施工工序	工程量
D-1	D-11-11	绑钢筋	5 t
	D-11-12	支模板	5 m^2
	D-11-13	浇筑混凝土	10 m^3
D-12	D-12-11	绑钢筋	5 t
	D-12-12	支模板	5 m^2
	D-12-13	浇筑混凝土	10 m^3
D-13	D-13-11	绑钢筋	5 t
	D-13-12	支模板	5 m^2
	D-13-13	浇筑混凝土	10 m^3
D-14	D-14-11	绑钢筋	5 t
	D-14-12	支模板	5 m^2
	D-14-13	浇筑混凝土	10 m^3
D-15	D-15-11	绑钢筋	5 t
	D-15-12	支模板	5 m^2
	D-15-13	浇筑混凝土	10 m^3

续表

构件编号	施工工序	工程量
L-112	L-112-11	绑钢筋	5 t
	L-112-12	支模板	5 m²
	L-112-13	浇筑混凝土	10 m³
L-14	L-14-1	绑钢筋	5 t
	L-114-12	支模板	5 m²
	L-114-13	浇筑混凝土	10 m³
L-123	L-23-11	绑钢筋	5 t
	L-123-12	支模板	5 m²
	L-123-13	浇筑混凝土	10 m³
L-124	L-124-11	绑钢筋	5 t
	L-124-12	支模板	5 m²
	L-124-13	浇筑混凝土	10 m³
L-125	L-125-11	绑钢筋	5 t
	L-125-12	支模板	5 m²
	L-125-13	浇筑混凝土	10 m³
L-134	L-134-11	绑钢筋	5 t
	L-134-12	支模板	5 m²
	L-134-13	浇筑混凝土	10 m³
L-145	L-145-11	绑钢筋	5 t
	L-145-12	支模板	5 m²
	L-145-13	浇筑混凝土	10 m³
L-124	L-124-11	绑钢筋	5 t
	L-124-12	支模板	5 m²
	L-124-13	浇筑混凝土	10 m³

4. 合同预算

合同预算是建设单位和施工单位签署的合同文件的组成部分,也就是双方达成协议的投标报价,是双方支付工程款的依据。长安剧院工程合同预算见表3-2。每月统计完成工程量的原则:项目工序工程量全部完成,方可纳入"完成工程量"。

表3-2 长安剧院工程合同预算表

施工工序	报量单价/万元	总工程量	报量价格/万元
绑钢筋	3	85 t	225
支模板	3	85 m²	225
浇筑混凝土	3	130 m³	390

5. 施工危险系数分析

长安剧院工程危险系数分析见表3-3。

表3-3 长安剧院工程危险系数分析表

构件编号		施工工序	危险系数	安全施工费用投入/万元
D-X	D-X-1	绑钢筋	1	1
	D-X-2	支模板	2	2
	D-X-3	浇筑混凝土	3	3
L-X	L-X-1	绑钢筋	3	3
	L-X-2	支模板	4	4
	L-X-3	浇筑混凝土	5	5

6. 天气分析

通过气象部门预测,施工工期内预估降水时间分布及降水等级见图3-2。

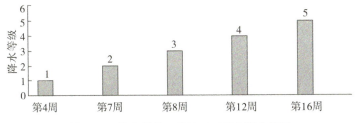

图3-2 长安剧院工程施工工期内降水情况

7. 市场资源分析

材料市场价格:商品混凝土价格为 1.4 万元/m³、钢筋成品价格 1.4 万元/t,成品采购以 5 的倍数进行采购。

劳务班组市场可供应量见表 3-4。

表 3-4　长安剧院工程劳务班组市场可供应量表

劳务班组	可供应数量/个
钢筋劳务班组	5
模板劳务班组	5
混凝土劳务班组	5

注:每支劳务班组在施工过程中如果出场,将不在进场,但是在市场可供应数量足够的情况下,可以选择其他劳务班组进场。

典型工作环节一　长安剧院项目建筑模型分析

工作描述

在对长安剧院工程项目策划之前,需要全面了解长安剧院项目各建筑构件的组成及其之间的关系,了解长安剧院项目施工的工程条件和限制因素。

学习目标

(1)学会分析较复杂的建筑模型及其构件之间的关系。
(2)学会分析建筑施工的施工条件和限制条件,并运用于施工组织当中。

学习任务

根据长安剧院项目描述,结合工程项目管理分析工具软件,分析长安剧院建筑模型构成和其构件的关系,了解长安剧院项目施工信息与限制条件。

一、任务分组

班组		组号		指导教师	
组长	姓名		学号		
组员	姓名			学号	

任务分工:

二、工作准备

(1)打开工程项目管理分析工具软件,熟悉软件界面和软件各种简易操作。

(2)打开软件的工程资料界面中长安剧院的三维立体模型。

三、工作实施

引导问题 1:长安剧院项目建筑模型有哪些建筑构件,请填写在下表中。

构件编号	构件名称	构件种类(柱墩或梁板)

引导问题 2:长安剧院建筑构件施工的先后顺序是什么,请填写在下表中。

构件编号	施工顺序
D-1	
D-2	
D-3	
D-4	
D-5	

续表

构件编号	施工顺序
L-12	
L-14	
L-23	
L-24	
L-25	
L-34	
L-45	
L-24-5	

引导问题3：长安剧院项目工期要求及奖惩是什么，请填写在下表中。

名称	长安剧院项目
工期（周）	
提前一周奖励（万元）	
延误一周罚款（万元）	

引导问题4：长安剧院项目各构件工程量分别为多少，请填写在下表中。

编号		施工工序	工程量
D-1	D-1-1	绑钢筋	
	D-1-2	支模板	
	D-1-3	浇筑混凝土	
D-2	D-2-1	绑钢筋	
	D-2-2	支模板	
	D-2-3	浇筑混凝土	

续表

编号		施工工序	工程量
D-3	D-3-1	绑钢筋	
	D-3-2	支模板	
	D-3-3	浇筑混凝土	
D-4	D-4-1	绑钢筋	
	D-4-2	支模板	
	D-4-3	浇筑混凝土	
D-5	D-5-1	绑钢筋	
	D-5-2	支模板	
	D-5-3	浇筑混凝土	
L-5	L-12-1	绑钢筋	
	L-12-2	支模板	
	L-12-3	浇筑混凝土	
L-14	L-14-1	绑钢筋	
	L-14-2	支模板	
	L-14-3	浇筑混凝土	
L-23	L-23-1	绑钢筋	
	L-23-2	支模板	
	L-23-3	浇筑混凝土	
L-24	L-24-1	绑钢筋	
	L-24-2	支模板	
	L-24-3	浇筑混凝土	
L-25	L-25-1	绑钢筋	
	L-25-2	支模板	
	L-25-3	浇筑混凝土	

续表

编号		施工工序	工程量
L-34	L-34-1	绑钢筋	
	L-34-2	支模板	
	L-34-3	浇筑混凝土	
L-45	L-45-1	绑钢筋	
	L-45-2	支模板	
	L-45-3	浇筑混凝土	
L-24-5	L-24-5-1	绑钢筋	
	L-24-5-2	支模板	
	L-24-5-3	浇筑混凝土	

引导问题 5：长安剧院项目合同预算是多少，请填写在下表中。

名称	总工程量	单位报价	总报价
绑钢筋	85 t		
支模板	85 m^2		
浇筑混凝土	130 m^3		
合计	—	—	

引导问题 6：长安剧院项目施工需要必要的安全施工费用投入，安全施工费用投入累计值为多少，请填写在下表中。

编号	D-X-1	D-X-2	D-X-3	L-X-1	L-X-2	L-X-3
投入累计值/万元						

引导问题 7：工程项目在雨季施工时，需要一定的雨季施工费用投入，长安剧院项目在雨季施工时，费用投入如何，请填写在下表中。

时间	雨季施工费用累计投入
第 4 周	
第 7 周	
第 8 周	
第 12 周	
第 16 周	

引导问题 8：工程项目施工时，其劳动力资源要受到一定限制，项目策划可供应数量是多少，请填写在下表中。

劳务班组	项目策划最多可供应数量
钢筋班组	
模板班组	
混凝土班组	

引导问题 9：工程项目开始施工时，项目部需要筹措资金，长安剧院项目各融资方式的月利率是多少，请填写在下表中。

融资方式	月利率
公司借款	
银行贷款	
民间借贷款	

引导问题 10：工程项目施工前，需建造临时设施。针对长安剧院项目，若建造临时设施，资金投入和运行要求如何，请填写在下表中。

临时设施名称	基准容量	工作用电	工作用水	建造单价	递增基数	工作用电递增	工作用水递增
钢筋原材库房							
钢筋成品库房							
水泥库房							
砂石库房							
模板库房							
劳务宿舍							

引导问题 11：长安剧院项目所用劳务班组信息是怎样的，请写在下表中。

班组名称	系数	产量	工作用电	工作用水	单价	进场费	出场费	待工费	欠付率
钢筋班组	5								
模板班组	5								
混凝土班组	10								

引导问题 12：长安剧院项目原材信息是怎样的，请填写在下表中。

原材名称	市场价
钢筋原材	
水泥原材	
砂石原材	

引导问题 13：长安剧院项目成品材料信息是怎样的，请填写在下表中。

成品材料名称	基数	基准单价
钢筋成品	5	
混凝土成品	5	

引导问题 14：长安剧院项目周转材料信息是怎样的，请填写在下表中。

材料名称	基准租赁价	基数	上限	进场费	出场费	欠付率
模板	0.20 元/(m²·周)					

引导问题 15：长安剧院项目机械租赁信息是怎样的，请填写在下表中。

机械名称	机械产量	进场费	出场费	基准租赁价	工作用电	工作用水
钢筋加工机械						
混凝土搅拌机						
小型发电机组						
大型发电机组						
小型供水泵机						
大型供水泵机						

四、评价反馈

1.学生自评

班级：　　　　　　　　姓名：　　　　　　　　学号：

评价项目	评价标准	分值	得分
长安剧院项目构件	填写完整、准确	5	
长安剧院项目构件施工顺序	填写完整、准确	5	
长安剧院项目工期	填写完整、准确	5	
长安剧院项目构件工程量	填写完整、准确	5	
长安剧院项目合同预算	填写完整、准确	5	
长安剧院项目安全施工费用投入	填写完整、准确	5	
长安剧院项目雨季施工费用投入	填写完整、准确	5	
长安剧院项目劳动力资源限制	填写完整、准确	5	
长安剧院项目融资方式	填写完整、准确	5	
长安剧院项目临设信息	填写完整、准确	5	
长安剧院项目劳务信息	填写完整、准确	5	
长安剧院项目原材信息	填写完整、准确	5	
长安剧院项目成品材料信息	填写完整、准确	5	
长安剧院项目周转材料信息	填写完整、准确	5	
长安剧院项目机械租赁信息	填写完整、准确	5	
工作态度	态度端正；无缺勤、迟到、早退	5	
工作质量	能按计划完成工作任务	5	
协调能力	小组成员间配合良好	5	
职业素质	细心、严禁，有职业素养	5	
创新意识	独特完成工作，有创新见解	5	
合计		100	

2. 小组互评

评价项目	分值	评价小组						
		1	2	3	4	5	6	平均
精神面貌	10							
组织分工	10							
团结协作	20							
工作效率	10							
工作质量	30							
成果展示	20							
合计	100							

3. 教师评价

班级：　　　　　　　　姓名：　　　　　　　　学号：

评价项目		评价标准	分值	得分
考勤		无迟到、早退、旷课现象	5	
工作过程	长安剧院项目构件	填写完整、准确	5	
	长安剧院项目构件施工顺序	填写完整、准确	5	
	长安剧院项目工期	填写完整、准确	5	
	长安剧院项目构件工程量	填写完整、准确	5	
	长安剧院项目合同预算	填写完整、准确	5	
	长安剧院项目安全施工费用投入	填写完整、准确	5	
	长安剧院项目雨季施工费用投入	填写完整、准确	5	
	长安剧院项目劳动力资源限制	填写完整、准确	5	
	长安剧院项目融资方式	填写完整、准确	5	
	长安剧院项目临设信息	填写完整、准确	5	
	长安剧院项目劳务信息	填写完整、准确	5	
	长安剧院项目原材信息	填写完整、准确	5	
	长安剧院项目成品材料信息	填写完整、准确	5	
	长安剧院项目周转材料信息	填写完整、准确	5	
	长安剧院项目机械租赁信息	填写完整、准确	5	
工作态度		态度端正、工作主动认真	4	
协调能力		小组成员间配合良好	4	
职业素质		工作严谨	4	
工作规范		按程序进行操作规范	4	
成果展示		能准确汇报工作成果	4	
合计			100	

综合评价

学生自评（20％）	小组互评（30％）	教师评价（50％）	综合得分

五、相关知识点

知识点1：长安剧院建筑模型分析

长安剧院项目各构件情况：长安剧院共有5根柱：D-1、D-2、D-3、D-4、D-5,8根梁L-12、L-23、L-13、L-24、L-34、L-25、L-45、L-24-5,无基础。只有起支撑作用的柱或梁全部施工完成后,才能施工上部梁。比如,柱D-2和D-4的混凝土均浇筑完成,才能开始梁L-24的钢筋绑扎;只有施工完成柱D-5和梁L-24后,才能施工梁L-24-5;从另一方面讲,墩和墩之间没有约束关系,梁和梁之间也没有约束关系,有些墩和有些梁之间也不存在约束关系,比如D-1、L-23、L-25等构件之间不存在相互约束关系。

知识点2：工程资料信息

对于项目工期信息,除关注项目工期外,也要重点注意工期前完成的奖励和工期延误的罚款数额,为下一步施工进度计划工期做准备。

对于市场资源分析信息,如长安剧院项目,三种劳务班组可供应数量均为5个。

对于临时设施信息,重点注意各个临时设施建造单价和单价递增数等。

对于劳务班组信息,重点注意各个班组的劳务单价、进出场费、待工费和欠付利息与实训原始规则相比是否有变化。

对于原材、成品、周转材料和机械租赁信息,重点注意其单价、进出场费、租赁费,以及用水用电情况是否与实训原始信息有变化。在长安剧院工程中,钢筋加工机的租赁费每台每周为2万元,混凝土搅拌机的进场费和出场费均为5万元,其他无变化。

六、拓展阅读

如何提高自己分析问题的能力？要学会多联系事情的前因后果,结合前后来分析。问题的产生总会有个原因,所以就需要先去思考这个问题产生的原因是什么,然后才能更好地分析这个问题。找到原因,接着就要分析这个问题会产生什么影响,也就是后果。最后根据问题产生的原因和怎样杜绝其产生来解决这个问题。

1928年,弗莱明在伦敦梅利医院当医生。他认为人们受伤后伤口化脓,原因之一是葡萄球菌的感染。弗莱明在一只只培养皿里培养出葡萄球菌,然后再试验用各种试剂去消灭它们。这个工作已花费了他几年的时间,至今仍一无所获。

9月的一天早晨,弗莱明发现其中一只培养皿里竟长出了一团青绿色的毛。很显然,这是某种天然霉菌落进去造成的。这使他感到懊丧,因为这只培养皿里的培养物没有用了。弗莱明本想把这发了霉的培养物倒掉,突然产生了一个念头:把它拿到显微镜下去看看。弗莱明在显微镜下发现:在霉斑附近,葡萄球菌死了！弗莱明立即动手大量培养这种青绿色的霉菌。将培养液过滤，滴到葡萄球菌中去。结果，葡萄球菌在几小时之内全部死亡。将滤液冲稀 800 倍，再滴到葡萄球菌中去，它居然仍能杀死葡萄球菌。

  弗莱明虽然是偶然发现了青霉素，但是凭借他出色的分析问题的能力和不懈的努力，他最终找到了杀死葡萄球菌的青霉素，为人类的医学事业做出了贡献。

典型工作环节二　长安剧院项目施工进度计划编制

工作描述

对长安剧院项目的策划,关键是编制其施工进度计划,对施工进度计划编制的合理优化,对项目达到较高利润起到重要作用。施工进度计划是对长安剧院建筑模型各构件进行施工安排,除要遵守项目工期外,还要优化工程安排,以期用较少的投入获得较高的效益。

学习目标

(1)能运用横道图绘制较复杂建筑模型的施工进度计划。
(2)对较复杂建筑模型的施工进度计划进行优化。

学习任务

先列出长安剧院项目各构件及工程量情况,确定各构件的施工先后顺序;再在施工进度计划横道图上,合理运用依次施工、平行施工和流水施工,绘制构件各施工工序的施工横道图,形成初步施工进度计划。最后合理布局各施工工序,在确保各工序逻辑关系正确的情况下,对施工进度计划进行优化,尽量做到均衡施工。

一、任务分组

班组		组号		指导教师	
组长		姓名		学号	
组员	姓名			学号	

任务分工：

二、工作准备

(1)复习施工进度计划——横道图的绘制。
(2)了解长安剧院项目有关工期要求及提前奖励延后罚款的信息。
(3)明白长安剧院项目各构件的施工顺序。

三、工作实施

引导问题1: 根据长安剧院项目各构件的工程量,构件施工所需班组及持续时间是多少,请填写在下表中。

构件编号		工程量	班组	班组个数	持续时间
D-1	D-1-1	5 t	钢筋		
	D-1-2	5 m²	模板		
	D-1-3	10 m³	混凝土		
D-2	D-2-1	5 t	钢筋		
	D-2-2	5 m²	模板		
	D-2-3	10 m³	混凝土		
D-3	D-3-1	10 t	钢筋		
	D-3-2	5 t	模板		
	D-3-3	10 m³	混凝土		
D-4	D-4-1	5 t	钢筋		
	D-4-2	5 m²	模板		
	D-4-3	10 m³	混凝土		
D-5	D-5-1	5 t	钢筋		
	D-5-2	10 m²	模板		
	D-5-3	10 m³	混凝土		

续表

构件编号		工程量	班组	班组个数	持续时间
L-12	L-12-1	5 t	模板		
	L-12-2	5 m²	钢筋		
	L-12-3	10 m³	混凝土		
L-14	L-14-1	5 t	模板		
	L-14-2	5 m²	钢筋		
	L-14-3	10 m³	混凝土		
L-23	L-23-1	10 t	模板		
	L-23-2	10 m²	钢筋		
	L-23-3	10 m³	混凝土		
L-24	L-24-1	5 t	模板		
	L-24-2	10 m²	模板		
	L-24-3	10 m³	混凝土		
L-25	L-25-1	10 t	模板		
	L-25-2	5 m²	钢筋		
	L-25-3	10 m³	混凝土		
L-34	L-34-1	5 t	模板		
	L-34-2	10 m²	钢筋		
	L-34-3	10 m³	混凝土		

续表

构件或工序编号		工程量	班组	班组个数	持续时间(周)
L-45	L-45-1	10 t	模板		
	L-45-2	5 m²	钢筋		
	L-45-3	10 m³	混凝土		
L-24-5 t	L-24-5-1	5 t	模板		
	L-24-5-2	5 m²	钢筋		
	L-24-5-3	10 m³	混凝土		

引导问题 2: 长安剧院项目各构件之间采用何种施工组织方式,请填写在下表中。

构件名称	施工组织方式	最终采用施工组织方式	
D-1、D-2、D-3、D-4、D-5	平行施工、流水施工	D-1、D-2、D-3	
		D-4、D-5	
		D-1、D-2、D-3 与 D-4、D-5	
D-1、D-2 与 L-12	依次施工		
D-1、D-4 与 L-14	依次施工		
D-2、D-3 与 L-23	依次施工		
D-2、D-4 与 L-24	依次施工		
D-2、D-5 与 L-25	依次施工		
D-3、D-4 与 L-34	依次施工		
D-4、D-5 与 L-45	依次施工		
L-12、L-14、L-23、L-24、L-34、L-25、L-45	依次施工、平行施工、流水施工		
D-5、L-24 与 L-24-5	依次施工		

引导问题 3：长安剧院项目同一构件各工序采用何种施工组织方式？
_____
_____

2. 长安剧院项目施工进度计划绘制

引导问题 1：长安剧院项目施工前需完成哪些工作？
_____
_____

引导问题 2：施工进度计划中绑扎钢筋、支模板和浇筑混凝土各工序分别用什么颜色绘制？
_____
_____

引导问题 3：施工进度计划中，横道里的数字代表什么？
_____
_____

引导问题 4：长安剧院项目施工进度计划的工期为多少？与合同工期相比，是提前了还是延后了？奖励或罚款为多少？
_____
_____

四、评价反馈

1. 学生自评

班级：　　　　　　姓名：　　　　　　学号：

评价项目	评价标准	分值	得分
长安剧院项目构件分析	填写完整、填写准确	10	
长安剧院项目各构件之间施工组织方式	填写完整、填写准确	10	
其他引导问题	回答正确	10	
长安剧院项目施工进度计划	填写完整、填写准确	40	
工作态度	态度端正；无缺勤、迟到、早退	5	
工作质量	能按计划完成工作任务	5	
协调能力	小组成员间配合良好	10	
职业素质	工作严谨	5	
创新意识	有创新见解	5	
合计		100	

2. 小组互评

评价项目	分值	评价小组						
		1	2	3	4	5	6	平均
精神面貌	10							
组织分工	10							
团结协作	20							
工作效率	10							
工作质量	30							
成果展示	20							
合计	100							

3. 教师评价

班级：　　　　　　姓名：　　　　　　学号：

评价项目		评价标准	分值	得分
考勤		无迟到、早退、旷课现象	10	
工作过程	长安剧院项目构件分析	填写完整、准确	10	
	长安剧院项目各构件之间施工组织方式	填写完整、准确	10	
	其他引导问题	填写完整、准确	10	
	长安剧院项目施工进度计划	填写完整、准确	40	
工作态度		态度端正、工作主动认真	5	
协调能力		小组成员间配合良好	5	
职业素质		工作严谨	5	
成果展示		能准确汇报工作成果	5	
合计			100	

综合评价

学生自评（20%）	小组互评（30%）	教师评价（50%）	综合得分

五、相关知识点

在建筑模型中各个构件的施工工序中,有三种组织方法:依次施工、平行施工和流水施工。对于具有约束关系的构件之间及同构件各工序之间只能采用依次施工方式;对于没有约束关系的各类构件之间施工安排,采用平行施工可以缩短工期,但可能会造成资源供应比较集中,从而增加施工成本;所以这类构件的各施工工序之间尽量采用流水施工。

在编制施工进度计划时,在满足工程工期的情况下,尽量做到每周的资源供应平衡一致,使劳务班组的待工和进出场频次尽量少。比如,长安剧院工程施工进度计划中,模板劳务班组从第3周进场2个,到第11周出场1个,第12周出场1个,第3~11个月,每周都是2个模板劳务班组在施工,而且没有待工,这样进出场次数最低,是最合理的。对于钢筋劳务班组和混凝土劳务班组,有的周是2个班组施工,有的周是1个班组施工,相对来说,也比较合理。

同一构件的三个施工工序可以不连续施工,比如某构件钢筋绑扎完成后,可以间隔1周或者数周再支模板;如果一个工序需要2周或者几周才能完成,也可以在中间间隔一段时间再完成,这样可能会使劳务班组的供应达到平衡,但也要注意工期是否允许。

工程项目的工期原则上尽量不要超过合同工期,一般情况是与合同工期一致或少1~2周,具体应该以资金投入和奖励数额的平衡计算来确定。比如,如果工期缩短了1周,需要增加资金投入20万元,而提前1周的奖励仅为15万元,那么就不需要将工期缩短1周。工程项目施工进度计划的编制最终要以实现较高的利润为目标。

典型工作环节三　长安剧院项目生产子项目策划

工作描述

长安剧院项目的施工进度计划编制完成后,下一步就要进行其生产子项目的施工策划,生产子项目的策划主要由生产经理承担,其策划内容主要包括工程量完成计划、风险预防措施、劳务班组进出场计划、材料使用计划和模板使用计划,此策划也是采购策划的前提和基础。

学习目标

(1)完成生产子项目的各项策划任务。
(2)使生产子项目策划达到最优。

学习任务

(1)填写长安剧院工程量完成计划。
(2)填写长安剧院风险预防措施。
(3)填写长安剧院劳务班组进出场计划。
(4)填写长安剧院材料使用计划。
(5)填写长安剧院模板使用计划。

一、任务分组

班组		组号		指导教师	
组长	姓名		学号		
组员	姓名			学号	

任务分工：

二、工作准备

(1)熟悉工程项目管理沙盘分析工具软件及长安剧院项目工程资料。

(2)熟悉工程项目管理沙盘模拟实训规则。

(3)了解长安剧院项目施工进度计划。

(4)明白生产经理需担负的工作任务。

三、工作实施

引导问题1:各施工班组各月完成相应工程量是多少,请填写在下表中。

工序	工程状态	工作量			
		第1月	第2月	第3月	第4月
绑钢筋	完成				
	在施				
支模板	完成				
	在施				
浇筑混凝土	完成				
	在施				

引导问题2:为了保证施工顺利进行和施工安全,在项目施工中如何合理安排安全施工费用投入和雨季施工费用投入,请填写在下表中。

风险项目	第1周	第2周	第3周	第4周	第5周	第6周	第7周	第8周	第9周	第10周	第11周	第12周	第13周	第14周
安全施工费用投入														
雨季施工费用投入														
合计														

引导问题 3：作为生产经理，需要安排各劳务班组适时投入施工，也需要决定各劳务班组的进出场时间，针对长安剧院项目各劳务班组进出场应如何安排，请填写在下表中。

班组名称	项目	时间													
		第1周	第2周	第3周	第4周	第5周	第6周	第7周	第8周	第9周	第10周	第11周	第12周	第13周	第14周
钢筋班组	进场数量														
	出场数量														
模板名称	进场数量														
	出场数量														
混凝土班组	进场数量														
	出场数量														

引导问题 4：生产经理要组织施工，首先需提供各施工材料的使用数量和时间，以便采购经理及时采购。各施工材料使用情况是怎样的，请填写在下表中。

班组名称	项目	时间													
		第1周	第2周	第3周	第4周	第5周	第6周	第7周	第8周	第9周	第10周	第11周	第12周	第13周	第14周
钢筋	使用数量														
	月度合计														
混凝土	使用数量														
	月度合计														

引导问题 5：生产经理要组织施工，首先需提供模板的使用数量和时间，以便采购经理及时租赁。模板使用情况是怎样的，请填写在下表中。

班组名称	时间													
	第1周	第2周	第3周	第4周	第5周	第6周	第7周	第8周	第9周	第10周	第11周	第12周	第13周	第14周
使用数量														

四、评价反馈

1. 学生自评

班级：　　　　　　　　姓名：　　　　　　　　学号：

评价项目	评价标准	分值	得分
长安剧院项目工程量完成计划	填写完整、准确	10	
长安剧院项目风险预防措施	填写完整、准确	10	
长安剧院项目劳务班组进出场计划	填写完整、准确	15	
长安剧院项目材料使用计划	填写完整、准确	20	
长安剧院项目模板使用计划	填写完整、准确	20	
工作态度	态度端正；无缺勤、迟到、早退	5	
工作质量	能按计划完成工作任务	5	
协调能力	小组成员间配合良好	5	
职业素质	工作严谨	5	
创新意识	有创新见解	5	
合计		100	

2. 小组互评

评价项目	分值	评价小组						
		1	2	3	4	5	6	平均
计划合理	10							
团结合作	10							
组织有序	10							
工作质量	30							
工作效率	10							
工作规范	10							
成果展示	20							
合计	100							

3. 教师评价

班级：　　　　　　姓名：　　　　　　学号：

评价项目		评价标准	分值	得分
考勤		无迟到、早退、旷课现象	10	
工作过程	长安剧院项目工程量完成计划	填写完整、准确	10	
	长安剧院项目风险预防措施	填写完整、准确	10	
	长安剧院项目劳务班组进出场计划	填写完整、准确	15	
	长安剧院项目材料使用计划	填写完整、准确	15	
	长安剧院项目模板使用计划	填写完整、准确	15	
工作态度		态度端正、工作主动认真	5	
协调能力		小组成员间配合、团结	5	
职业素质		工作严谨	5	
工作规范		按程序进行，操作规范	5	
成果展示		能准确汇报工作成果	5	
合计			100	

学生自评（20%）	小组互评（30%）	教师评价（50%）	综合得分

五、相关知识点

知识点 1：工程量完成计划

工程量完成计划是根据施工进度计划填写每个月所完成的和正在施工的各个工序的工程量。其填写的难点是在两个月之间，一个工序是否在施或完成，以及在施或完成的工程量为多少。例如，有一个 10 t 的钢筋绑扎施工工序，可以 1 周完成，也可以 2 周完成，若施工期间正好在月末，应该分以下几种情况统计其在施或完成工程量。

(1)施工工序在第 4 周领用了 10 t 钢筋，需要施工至第 5 周完成，工序尚未完工，第 1 个月领用的材料为 10 t，第 1 个月工程量统计如下：完成为 0，在施为 10。

(2)施工工序分别在第 3 周和第 4 周各领用了 5 t 钢筋，需要施工至第 5 周完成，工序尚未完工，第 1 个月领用的材料为 10 t，第 1 个月工程量统计如下：完成为 0，在施为 10。

(3)施工工序分别在第 4 周和第 5 周各领用了 5 t 钢筋，需要施工至第 6 周完成，工序尚未完工，第 1 个月领用的材料为 5 t，第 1 个月工程量统计如下：完成为 0，在施为 5。

(4)施工工序分别在第 3 周和第 5 周各领用了 5 t 钢筋，需要施工至第 6 周完成，工序尚未完工，第 1 个月领用的材料为 5 t，第 1 个月工程量统计如下：完成为 0，在施为 5。

在对工程量进行统计时，上个月的在施工程量应该算在下个月的完成工程量里。例如，长安剧院项目第 2 月的钢筋绑扎，从第 4 周至第 8 周共完成了 25 t，其中包括了第 1 个月第 4 周的 5 t 在施钢筋绑扎的工程量。

知识点 2：风险预防措施

生产经理应该根据施工进度计划和施工危险系数分析及天气分析，来填写风险预防措施。

(1) D-X-1 的 X 所代表的构件是施工进度计划中最先施工的墩。比如，长安剧院施工进度计划中，最先施工的是墩 D-X-2，它的第一个工序是第 2 周开始施工，那么，就应该在第 2 周要有 1 万元的安全施工费用投入。

(2)在施工到墩 D-X-3 时，累计安全施工费用投入 3 万元，在施工到 B-X-1 时，累计安全施工费用投入亦为 3 万元，这说明在施工 B-X-1 时，本周不需要该项投入。

(3)如果安全施工费用和雨季施工费用在某周有 2 万元或 2 万元以上，根据每周投入最多 1 万元的规则，则除在本周投入 1 万元外，其他资金应该提前投入。比如，如果某工程在第 5 周安全施工费用投入累计为 3 万元，而在第 6 周需要累计到 6 万元，那么，这时除了在第 6 周投入 1 万元外，还要在第 5 周投入 1 万元，在第 4 周投入 1 万元，这样才能在第 6 周累计投入了 6 万元。

知识点 3：劳务班组进出场计划

劳务班组进出场计划是生产经理根据所编制的施工进度计划来安排和填写的。在填写劳务班组进出场计划时，要注意以下几个方面：

(1)劳务班组当周进入施工现场当周即投入工作，当周完成施工任务即可当周出场。

(2)劳务班组进出场次数不得大于劳务市场资源可供应量。比如，由长安剧院工程资料中市场资源分析表可知，钢筋劳务班组市场资源可供应量为 5 个，那么在编制劳务班组进出场计划时，钢筋班组的进出场次数不能超过 5 次。

(3)要合理安排劳务班组的进出场和待工。根据长安剧院的工程资料信息可知，劳务班组的进出场费用合计为 4 万元，而劳务班组每周的待工费为 3 万元，所以，当劳务班组的待工时间为 2 周或 2 周以上时，应该安排劳务班组出场，需要时再进场，这样的成本较低。但是，如果劳务班组的进出场次数已经超过了劳务市场资源可供应量，劳务班组必须选择在施工现场待工。

典型工作环节四　长安剧院项目采购子项目策划

工作描述

完成生产子项目的施工策划后,需进行采购子项目的策划,采购子项目的策划主要由采购经理承担,其策划内容主要包括模板进出场计划、机械进出场计划、原材采购计划、成品采购计划和临时设施建造计划。

学习目标

(1)完成采购子项目的各项策划任务。
(2)使采购子项目策划做到较优。

学习任务

(1)编制长安剧院模板进出场计划。
(2)编制长安剧院机械进出场计划。
(3)编制长安剧院原材采购计划。
(4)编制长安剧院成品采购计划。
(5)编制长安剧院临时设施建造计划。

一、任务分组

班组		组号		指导教师	
组长	姓名		学号		
组员	姓名			学号	

任务分工:

二、工作准备

(1)熟悉工程项目管理沙盘实训分析工具软件及长安剧院项目工程资料。
(2)熟悉工程项目管理沙盘模拟实训规则。
(3)了解长安剧院项目施工进度计划和其生产子项目策划。
(4)明白采购经理需承担的任务。

三、工作实施

引导问题1:为了满足施工需要,模板租赁的数量和时间应为多少,请填写在下表中。

项目	时间													
	第1周	第2周	第3周	第4周	第5周	第6周	第7周	第8周	第9周	第10周	第11周	第12周	第13周	第14周
进场数量														
出场数量														
运输费														
租赁费														

引导问题2:为了保证施工正常顺利进行,施工现场每月所需原材数量应为多少,请填写在下表中。

材料名称	项目	时间			
		第1月	第2月	第3月	第4月
钢筋材料	采购数量				
	采购金额				
水泥原材	采购数量				
	采购金额				
砂石原材	采购数量				
	采购金额				

引导问题 3：为了保证施工正常顺利进行，施工现场每周所需材料成品数量应为多少，请填写在下表中。

材料名称	项目	时间													
		第1周	第2周	第3周	第4周	第5周	第6周	第7周	第8周	第9周	第10周	第11周	第12周	第13周	第14周
钢筋成品	采购数量														
	采购金额														
混凝土成品	采购数量														
	采购金额														

引导问题 4：为了保证施工正常进行，施工现场需要建造哪些临时设施，这些设施有什么要求，请填写在下表中。

临时设施名称	容量要求	建造费用	用电量	用水量
钢筋原材库房				
钢筋成品库房				
水泥库房				
砂石库房				
模板库房				
劳务宿舍				
合计				

引导问题 5：为了保证正常施工，施工现场需要哪些施工机械设备，它们的进出场时间及数量是多少？

_____

_____

四、评价反馈

1. 学生自评

班级：　　　　　　　　　姓名：　　　　　　　　　学号：

评价项目	评价标准	分值	得分
长安剧院项目模板进出场计划	填写完整、准确	15	
长安剧院项目原材采购计划	填写完整、准确	15	
长安剧院项目成品采购计划	填写完整、准确	15	
长安剧院项目临时设施建造计划	填写完整、准确	15	
长安剧院项目机械进出场计划	填写完整、准确	15	
工作态度	态度端正；无缺勤、迟到、早退	5	
工作质量	能按计划完成工作任务	5	
协调能力	小组成员间配合良好	5	
职业素质	工作严谨	5	
创新意识	有创新见解	5	
合计		100	

2. 小组互评

评价项目	分值	评价小组						
		1	2	3	4	5	6	平均
精神面貌	10							
组织分工	10							
团结协作	20							
工作效率	10							
工作质量	30							
成果展示	20							
合计	100							

3. 教师评价

班级：　　　　　　姓名：　　　　　　学号：

评价项目		评价标准	分值	得分
考勤		无迟到、早退、旷课现象	10	
工作过程	长安剧院项目模板进出场计划	填写完整、准确	15	
	长安剧院项目原材采购计划	填写完整、准确	10	
	长安剧院项目成品采购计划	填写完整、填写	10	
	长安剧院项目临时设施建造计划	填写完整、填写	15	
	长安剧院项目机械进出场计划	填写完整、填写	15	
工作态度		态度端正、工作主动认真	5	
协调能力		小组成员间配合良好	5	
职业素质		工作严谨	5	
工作规范		按程序时行，操作规范	5	
成果展示		能准确汇报工作成果	5	
合计			100	

学生自评 （20％）	小组互评 （30％）	教师评价 （50％）	综合得分

五、相关知识点

知识点 1：模板进出场计划

模板进出场计划主要根据模板使用计划来进行编制。一般情况下，施工现场正在使用多少模板，就需累计进场多少模板。如果模板拆除后有剩余，有两种处理方式：出场和存入模板库房。比如，第 4 周要使用 20 m^2 模板，那么第 3 周进场 10 m^2 模板，则在第 4 周还需进场 10 m^2 模板。

一般情况下，模板进出场时间和数量，需要综合考虑模板租赁费、模板进出场费，以及模板库房的建造费用等，以使所支付的费用最低。比如，在第 8 周模板已经有 25 m^2，第 9 周需要 30 m^2，第 10 周需要 35 m^2；这时如果我们采用第一种方式，第 9 周进场 5 m^2 模板，第 10 周进场 5 m^2 模板，第 9 和 10 周模板的租赁费和进出场费合计为 7 万元；但是如果我们采用第二种方式，第 9 周直接进场模板 10 m^2，第 10 周就不进场模板了，那么，其租赁费和进出场费合计为 6 万元，这时还需要建造一个 10 m^2 的模板库房，费用为 1 万元，模板库房在工程竣工后再变卖，得到 0.5 万元。通过以上模板进出场两种方式的比较，我们可以发现第二种方式能够为工程节省 0.5 万元，相应工程利润会增加 0.5 万元，所以，应该选用第二种模板进出场方式。但还需要注意一个问题，模板库房的水电供应要允许。

知识点 2：原材采购计划和成品采购计划

根据实训规则规定，施工现场的材料供应方式有两种，原材现场加工和直接购买成品。选择时，我们可以选择全部原材现场加工，也可以选择全部购买成品，也可以一部分原材现场加工，另一部分直接购买成品。具体选择哪种材料供应方式，取决于哪种供应方式更加节约资金，创造更多利润。

钢筋或混凝土采购所需总费用的计算公式如下：

采用原材现场加工时，总费用＝原材用量×原材单价＋机械租赁费＋机械进出场费＋原材库房建造费×50％＋成品库房建造费×50％。

采用成品订购时，总费用＝成品用量×成品单价。

1. 长安剧院工程钢筋材料的供应选择

（1）全部采用钢筋原材现场加工。这时至少需要 2 台钢筋加工机加工。整个工程需要钢筋原材 85 t，费用为 85 万元。2 台钢筋加工机进出场费共计 8 万元，每台每周租赁费 2 万元，每台每周可以加工 5 t 钢筋成品，为了节约租赁费，我们安排钢筋加工机连续加工钢筋，其中 1 台钢筋加工机从第 1 周至第 11 周连续加工钢筋，共加工 55 t 钢筋成品，另 1 台钢筋加工机从第 1 周至第 6 周连续加工，共加工 30 t 钢筋成品，合计需要加工 17 周，85 t 钢筋成品，租赁费为 34 万元。但是，需要建造钢筋成品库房来贮存没来得及绑扎的钢筋成品，第 2 台钢筋加工机在第3周和第4周加工的共10 t钢筋成品没有及时绑扎,需放入钢筋成品库房,在第5周加工了5 t钢筋成品,而第6周使用了5 t,第6周又加工了5 t钢筋成品,而第7周未使用,第7周钢筋加工机出场,则这时钢筋成品库房里共有15 t钢筋成品。根据实训规则,钢筋成品库房的容量只能是10 t的倍数,所以需要建造20 t的钢筋成品库房,建造费用为2万元,竣工后变卖,可以收回1万元,钢筋成品库房费用为1万元。所以,采用原材现场加工所需费用共计85万元+8万元+34万元+1万元=128万元。

(2)全部采用钢筋成品。所需钢筋成品共85 t,每吨1.4万元,共计85×1.4万元=119万元。

(3)部分采用钢筋原材现场加工,另一部分购买钢筋成品。1台钢筋加工机从第1周至第11周连续加工钢筋,每周加工5 t,需要原材55 t,费用55万元,钢筋加工机进出场费4万元,租赁费每周2万元,共11周,合计22万元,钢筋原材加工共需费用55万元+4万元+22万元=81万元。另一部分购买30 t钢筋成品,每吨1.4万元,合计30×1.4万元=42万元。两部分费用总计81万元+42万元=123万元。

综上所述,采用全部直接购买钢筋成品的方式最节约成本,只需119万元,故应该采用这种钢筋采购方式。

2.长安剧院工程混凝土材料的供应选择

(1)全部采用混凝土原材现场加工。从其施工进度计划来看,至少需要2台混凝土搅拌机,由于混凝土搅拌机所拌制的混凝土不能保存,只能提前一周搅拌,下一周使用。根据施工进度计划,从第4周至第13周,每周都需要混凝土,因此可安排1台混凝土搅拌机从第3周至第12周连续拌制混凝土,而另1台混凝土搅拌机从第3周进场拌制10 m³的混凝土,第6周拌制10 m³混凝土,第12周拌制10 m³混凝土。因为混凝土搅拌机的进场和出场费均为5万元,费用较高,所以,第2台混凝土搅拌机安排第3周至第12周期间不进出场。混凝土总量为130 m³,则混凝土拌制用水泥原材65 t,每吨1万元,费用为65万元;砂石原材需65 t,每吨1万元,费用为65万元;2台混凝土搅拌机进出场费共计20万元;2台混凝土搅拌机从第3至第12周均租赁了10周,每台每周租赁费1万元,租赁费共计20万元。所以,全部采用混凝土原材现场加工,总费用为65万元+65万元+20万元+20万元=170万元。

(2)全部直接购买混凝土成品。混凝土所需总量为130 m³,每立方米混凝土成品单价1.4万元,则所需费用为130×1.4=182万元。

(3)采用一部分现场拌制混凝土,另一部分直接购买混凝土成品。施工现场仅租赁1台混凝土搅拌机,从第3周至第12周连续拌制混凝土,每周拌制10 m³,总共拌制100 m³。则其进出场费为10万元,租赁费为10万元,水泥原材需50 t,费用为50万元,砂石原材50 t,费用为50万元,合计10万元+10万元+50万元+50万元=120万元。另一部分采用直接购买混凝土成品的方式,购买混凝土量为 130 m³−100 m³=30 m³,每立方米混凝土成品单价 1.4 万元,合计 30×1.4 万元=42 万元。两部分费用总计 120 万元+42 万元=162 万元。

综上所述,采用一部分现场搅拌混凝土,一部分直接购买混凝土成品的方式最节约成本,仅需 162 万元,故应该采用这种混凝土采购方式。

知识点 3:临时设施建筑计划

临时设施主要有钢筋原材库房、钢筋成品库房、水泥库房、砂石库房、模板库房和劳务宿舍六种。这些库房建造计划的编制难点在于确定其容量。

(1)确定钢筋原材库房、水泥库房和砂石库房容量。

钢筋原材库房、水泥库房和砂石库房的容量主要根据材料采购(原材)计划确定,首先找出材料采购(原材)计划中,钢筋原材、水泥原材和砂石原材各月采购量的最大值,以及上月剩余材料数量。其对应库房的容量应不小于其各月采购量的最大值和上月剩余材料数量之和。

(2)确定钢筋成品库房容量。

钢筋成品库房只有在现场把钢筋原材加工成成品,且不能及时进行绑扎施工时,需将钢筋成品放到钢筋成品库房,此时才需要建造钢筋成品库房,而且钢筋成品库房容量应以每周所加工的剩余钢筋成品数量的累积最大值来确定。

(3)确定模板库房容量。

通过以下公式计算各周模板剩余量:

本周剩余=上周剩余+本周拆除−本周出场+本周进场−本周领用

已知第 1 周模板剩余为 0;本周拆除可根据施工进度计划中,浇筑混凝土施工完成的周为其模板拆除周,且拆除量为浇筑此项混凝土所支模板的量;模板本周出场和本周进场可根据模板进出场计划取得数值;本周领用可根据施工进度计划中,各周所支模板量来确定。模板库房容量以各周剩余模板量的最大值确定。

(4)确定劳务宿舍容量。劳务宿舍的容量根据施工进度计划中各周正在施工的劳务班组数和待工的劳务班组数之和的最大值来确定。

知识点 4:机械进出场计划

机械进出场计划是针对施工现场所使用的机械设备进场和出场的时间所编制的。一般有钢筋加工机、混凝土搅拌机、发电机组和供水泵机四种设备,对于这些设备确定进出场计划时,需注意以下几个方面的内容:

(1)根据实训规则,发电机组和供水泵机均在第 1 周进场,在工程竣工那周出场。

(2)钢筋加工机和混凝土搅拌机的进场时间要比成品材料使用时间提前 1 周,即要留出 1 周材料加工的时间。钢筋加工机可以提前 1 周或数周加工钢筋成品,多余的钢筋成品放入钢筋成品库房,而混凝土搅拌机只能提前 1 周搅拌混凝土,混凝土成品不能放入库房保存。

(3)机械进场周计算租赁费,出场周不计算租赁费。

(4)发电机组有 40 kW 大型发电机组和 20 kW 小型发电机组两类。在选择时,如果小型发电机组所发出的电量够用,就选用小型发电机组,只有在小型发电机组发电量不够用时,才选用大型发电机组。发电机组的发电量要不小于施工现场所用电量。施工现场所用电量分为三个部分:临时设施用电量、机械用电量和施工用电量。把它们每周的用电量都计算出来,各周用电量加在一起,其用电量最多的一周所需电量的值,不大于发电机组的发电量,则发电机组满足施工现场用电需求,否则需要更换较大型号的发电机组或增加发电机组台数。

(5)供水泵机有小型供水泵机(10 m^3)和大型供水泵机(20 m^3)两类。供水泵机的选择和发电机组的选择类似。施工现场各周所用水量均不大于供水泵机所供水量。施工现场所用水量也由临时设施所用水量、机械所用水量和施工所用水量三部分组成。

典型工作环节五　长安剧院项目财务子项目策划

工作描述

完成长安剧院项目采购子项目的施工策划后,下一步需进行长安剧院项目财务子项目的策划,财务子项目的策划主要由财务经理承担,其策划内容主要包括现金流量表、收入计划、欠付计划、融资计划等。

学习目标

(1)完成长安剧院项目财务子项目的各项策划任务。
(2)使长安剧院项目财务子项目策划做到更优。

学习任务

(1)填写长安剧院项目现金流计划。
(2)填写长安剧院项目收入计划。
(3)填写长安剧院项目欠付计划。
(4)填写长安剧院项目融资计划。

一、任务分组

班组		组号		指导教师	
组长	姓名		学号		
组员	姓名			学号	

任务分工:

二、工作准备

(1) 熟悉工程项目管理沙盘分析工具软件及长安剧院项目工程资料。
(2) 熟悉工程项目管理沙盘模拟实训规则。
(3) 明白财务经理需承担的策划任务。

三、工作实施

引导问题1：长安剧院项目施工各月的收入与支出是怎样的，请填写在下表中。

	项目	第1月	第2月	第3月	第4月
	一、报量前现金流入				
1	公司借款				
2	银行贷款				
	二、月初现金结余				
	三、报量前现金流出				
1	临设建造				
2	劳务班组进出场运输费				
3	周转材料（模板）进出场运输费				
4	机械进出场运输费				
5	原材料（钢筋、水泥、砂石）采购				
6	风险投入				
7	预定成品钢筋或成品混凝土				
8	支出待工费				
	四、月末报量前现金结余				
	五、报量后现金流入				
1	甲方报量				
2	资产变卖、其他收入				

续表

项目		第1月	第2月	第3月	第4月
	六、月中现金结余				
	七、报量后现金流出				
1	税金支出				
2	劳务结算支付				
3	周转（模板租赁费）结算支付				
4	机械结算支付（机械租赁费）				
5	现场管理费支出				
6	偿还贷款				
7	贷款利息支出				
8	劳务费、其他费用欠付还款				
9	欠付利息支出				
10	其他支出				
	八、月末现金结余				

引导问题 2：长安剧院项目各月的收入是多少，请填写在下表中。

项目	时间			
	第1个月	第2个月	第3个月	第4个月
计划其他收入				
甲方报量收入				
完成百分比				

引导问题 3：为了保证施工顺利，用不同融资方式有什么不同，请填写在下表中。

序号	融资方式	资金流动	时间			
			第1个月	第2个月	第3个月	第4个月
1	公司借款	计划贷款				
2		计划还款				
3		利息支出				
4	银行贷款	计划贷款				
5		计划还款				
6		利息支出				

引导问题 4：长安剧院项目如何设置欠付计划，请填写在下表中。

序号	项目	时间			
		第1个月	第2个月	第3个月	第4个月
1	劳务费欠付				
2	劳务费欠付还款				
3	劳务费欠付利息				
4	模板费用欠付				
5	模板费用欠付还款				
6	模板费用欠付利息				

四、评价反馈

1. 学生自评

班级：　　　　　　　姓名：　　　　　　　学号：

评价项目	评价标准	分值	得分
长安剧院项目现金流量	填写完整、准确	45	
长安剧院项目收入计划	填写完整、准确	10	
长安剧院项目融资计划	填写完整、准确	10	
长安剧院项目欠付计划	填写完整、准确	10	
工作态度	态度端正；无缺勤、迟到、早退	5	
工作质量	能按计划完成工作任务	5	
协调能力	小组成员间配合良好	5	
职业素质	工作严谨	5	
创新意识	有创新见解	5	
合计		100	

2. 学生互评

评价项目	分值	评价小组						
		1	2	3	4	5	6	平均
精神面貌	10							
组织分工	10							
团结协作	20							
工作效率	10							
工作质量	30							
成果展示	20							
合计	100							

3．教师评价

班级：　　　　　　　姓名：　　　　　　　学号：

评价项目		评价标准	分值	得分
	考勤	无迟到、早退、旷课现象	10	
工作过程	长安剧院项目现金流量	填写完整、准确	40	
	长安剧院项目收入计划	填写完整、准确	10	
	长安剧院项目融资计划	填写完整、准确	10	
	长安剧院项目欠付计划	填写完整、准确	5	
	工作态度	态度端正、工作主动认真	5	
	协调能力	小组成员间配合良好	5	
	职业素质	工作严谨	5	
	工作规范	按程序进行，操作规范	5	
	成果展示	能准确汇报工作成果	5	
合计			100	

评价

学生自评（20%）	小组互评（30%）	教师评价（50%）	综合得分

五、相关知识点

知识点 1:融资计划

财务经理所编制的融资计划主要涉及当工程项目资金不足时,需要向有关单位借款或贷款问题。在融资方面,主要是指融资方式和融资数额。融资方式有公司借款和银行贷款两种,根据实训规则,融资数额均为 20 万元的整数倍。对于公司借款,利息为 5%,但必须在项目开工时借款,项目竣工时还款,一般公司借款时间较长;银行贷款利息为 10%,但可以月初贷款,月末还款,比较灵活。

选用何种融资方式以每月资金缺口的数额确定。各月资金缺口数额的计算公式:本月资金缺口＝本月报量前现金流出－上月报量后现金流入＋上月报量后现金流出(不包括银行还款)＋上月资金缺口。将每个月的资金缺口数额绘制成直方图,以 20 万元为单位分层,当各层中资金缺口超过半数,则其以下数额采用公司借款方式,其以上数额采用银行贷款方式,如图 3-4 所示。20 万元以下,第 1、2、3、4 个月均资金缺口,20 万元至 40 万元第 1、2、3 个月资金缺口,故 40 万元以下有半数以上的月份资金缺口,则公司借款 40 万元;40 万元至 60 万元是第 2、3 个月资金缺口,则在第 2 个月初银行贷款 20 万元,第 3 个月末还款 20 万元,当然这 20 万元也可采用公司借款,其利息相同。60 万元至 80 万元是第 3 个月资金缺口,则在第 3 月初银行贷款 20 万元,第 3 个月月末还银行贷款 20 万元。

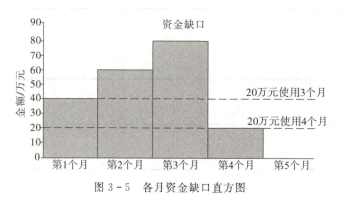

图 3-5　各月资金缺口直方图

知识点 2:欠付计划

所谓欠付是指当月的班组劳务费或模板租赁费未实行现金结算,等到下个月再现金结算,但需要支付一定的利息,此种方式叫作欠付。对于欠付计划,实行欠付具有两种欠付方式:劳务欠付和模板欠付。长安剧院工程的劳务欠付月利息为 15%,而模板欠付月利息为 10%。实行欠付的条件是本月需要银行贷款或还款,且如果不进行贷款或还款的话,月末报量前现金结余不小于 11 万元,可实行上月的劳务欠付,但上月劳务费应不小于 20 万元减去月末报量前现金结余;月末报量前现金结余不小于 6 万元,可实行上月的模板欠付,但上月的模板租赁费应不小于 20 万元减去月末报量前现金结余。实行欠付的方法是将本月的银行贷款减少 20 万元,若采取上月的劳务欠付,则欠付金额应该在 20 万元减本月月末报量前现金结余与 9 万元之间,若采取上月的模板欠付,则欠付金额应该在 20 万元减本月报量前现金结余与 14 万元之间,这样既可以保证欠付利息在 1 万元之内也能满足工程资金的需要。